Heinrich Heine

Clavigo

Heinrich Heine

Clavigo

ISBN/EAN: 9783337060855

Hergestellt in Europa, USA, Kanada, Australien, Japan

Cover: Foto ©ninafisch / pixelio.de

Weitere Bücher finden Sie auf **www.hansebooks.com**

CLAVIGO.

EINE STUDIE
ZUR SPRACHE DES JUNGEN GOETHE

NEBST

EINIGEN BEITRÄGEN
ZUR CHARAKTERISTIK DES HAUPTHELDEN
UND
DER MARIE.

VON

GEORG SCHMIDT.

GOTHA.
FRIEDRICH ANDREAS PERTHES.
1893.

Inhalt.

I. Über die Sprache des „Clavigo".

	Seite
Einleitung	1
I. Kapitel. Einfluss der französischen Quelle auf den Stil des „Clavigo"	4
II. Kapitel. Der Clavigostil und die Empfindsamkeit	30
III. Kapitel. Sturm und Drang in der Sprache des „Clavigo"	41
IV. Kapitel. Das Polysyndeton	48
V. Kapitel. Das Asyndeton	63
VI. Kapitel. Die Anaphora	93
VII. Kapitel. Die Geminatio	132
Anhang	155
II. Einige Beiträge zur Charakteristik des Haupthelden und der Marie	161

I.

Über die Sprache des „Clavigo".

Mit rastlosem Eifer, mit unermüdlicher Opferfreudigkeit und unanfechtbarer Gründlichkeit widmet sich die Goetheforschung unserer Tage der schönen Aufgabe, des unsterblichen Meisters Wirken und Weben und Dichten in die Weite und in die Tiefe zu ergründen, sei es, Neues zu Tage zu fördern aus der Verborgenheit, in der es noch ruhte, oder sei es, dem Altbekannten neue Seiten abzugewinnen. Dem ferner Stehenden will es fast bedünken, als müsse diese Fundstätte alles Schönen, alles wahrhaft Menschlichen endlich doch erschöpft sein, nachdem ihr Gabe über Gabe entströmte. Aber schier unversiegbar quillt der edle Born fort und fort. Und sollte wirklich am Ende alles positive Material des Vermächtnisses des olympischen Genius an die Menschheit in absoluter Vollständigkeit vorliegen — der innere Gehalt dieses Vermächtnisses wird kaum jemals so erfaſst sein nach jeder Seite, daſs ein Sterblicher in Wahrheit behaupten könnte: Es ist nichts Neues mehr über Goethe zu sagen. Nicht nur ergeben sich immerfort neue Probleme: auch scheinbar erledigte Fragen gewinnen unter anderer Beleuchtung oft ein anderes Ansehen. Das gilt nun auch von Goethes „Clavigo". Über dieses Trauerspiel des jugendlichen Goethe wurde, wie dem Sachkundigen bekannt ist, von seinem ersten Erscheinen an verschieden geurteilt. Schlieſslich hat sich aber eine bestimmte Auffassung festgesetzt und wurde im allgemeinen als richtig angenommen. Jedenfalls steht ein schwebendes Clavigo-Problem durchaus nicht auf der Tagesordnung brennender Fragen der Goetheforschung. Daſs aber in der

That ein solches Problem noch der Erledigung bedurfte, glaube ich in der nachfolgenden Abhandlung darthun zu können.

Ein Zufall eigentlich brachte mir den „Clavigo" näher als andere Werke des jungen Goethe. Das Drama erregte dann aber mein eifrigstes Interesse als eine höchst eigenartige dichterische Schöpfung. Die eingehendste Betrachtung des Gegenstandes im Zusammenhang mit dem sonstigen Schaffen des jugendlichen Dichters ergab nun eine Reihe positiver Beobachtungen, aus denen hervorgeht, daſs „Clavigo" innerhalb der aus der ersten Schaffensperiode des Dichters hervorgegangenen Werke eine Ausnahmestellung einnimmt und zwar in malam partem, sowohl in Bezug auf den dramatischen Gehalt als auch hinsichtlich der sprachlichen Form. Dadurch ergiebt sich ganz von selber eine Gliederung dieser Abhandlung in 2 Teile; der erste wird die Sprache des „Clavigo" zu behandeln haben, der zweite ästhetisch-kritische Anmerkungen zu dem Drama als solchem enthalten müssen.

Die Sprache eines Schriftstellers zu charakterisieren, ist stets eine sehr schwierige Aufgabe, da sprachliche Empfindung ja in erster Linie Gefühlssache ist, so weit eben die Betrachtung nicht eine rein grammatische bleibt und mithin philologischer Fleiſs ein positives Material zu sammeln und auf Grund dessen sichere Aufschlüsse zu geben vermag. Der Stil eines Schriftstellers, der color seiner Sprache, muſs durchaus gefühlt werden und jede Darstellung kann kaum mehr als in Umrissen umschreiben, sie muſs sich begnügen, die Aufmerksamkeit auf augenfällige Punkte zu lenken und diese klärend zu beleuchten: eingehendes Zergliedern und Zerpflücken hilft zur Erkenntnis wenig, wenn der Geist nicht das Gesamtbild in sich aufzunehmen vermag — ebenso wenig wie der ein Kunstwerk der Plastik begreifen lernt, der es sorglich in seine kleinsten Bestandteile zerlegt. So kann ich denn auch keineswegs beabsichtigen, alles zu erschöpfen, was sich durch minutiöse Untersuchungen über den Stil des „Clavigo" erbringen lieſse; ich beschränke mich vielmehr auf gewisse stark hervortretende Besonderheiten und suche festzustellen, inwiefern durch sie eine merkliche Abweichung vom Stile der übrigen Werke des jungen Goethe herbeigeführt ist.

Drei Momente vorzüglich beeinfluſsten den „Clavigo": die

französische Quelle, die Empfindsamkeit und der Sturm und Drang. Jedes dieser drei Momente wird zunächst Gegenstand der Einzeluntersuchung sein, anschließen wird sich eine Betrachtung bestimmter stilistischer Erscheinungen, die teils aus jenen drei Stilrichtungen hervorgehen und deren Wesen im einzelnen anschaulich machen, teils neue Eigentümlichkeiten der Clavigo-Sprache aufdecken.

I. Kapitel.
Einfluss der französischen Quelle auf den Stil des „Clavigo".

Drei Gesichtspunkte sind festzuhalten für die Erwägungen dieses Kapitels:

1. An vielen Stellen übersetzte Goethe **wörtlich** aus Beaumarchais.
2. Goethe färbte den „Clavigo" **unbewufst französisch**, indem er sich ganz in die Vorlage einlas.
3. Das durch die Handlung gegebene **milieu** beeinflufste die Sprache der Personen nach der Richtung französischer Ausdrucksweise hin.

Für die richtige Würdigung des ersten dieser drei Gesichtspunkte ist es unerläfslich, den Text des Memoires und der entsprechenden Stellen aus „Clavigo" nebeneinander zu stellen. Diese Zusammenstellung bringt das Folgende:

Beaumarchais*).	Clavigo.
pag. 311. Je suis chargé, monsieur, lui dis-je, par une société de gens de lettres, d'établir, dans toutes les villes où je passerai, une correspondance	pag. 387. Eine Gesellschaft gelehrter würdiger Männer hat mir den Auftrag gegeben, an jedem Orte, wo ich durchreise und Gelegenheit fände, einen

---

*) Als Text lege ich zu Grunde: Oeuvres complètes de Beaumarchais, nouvelle édition par M. Louis Moland, Paris 1874, Garnier Frères. Die Belege aus Goethe beruhen auf der Ausgabe von Michael Bernays: „Der junge Goethe", Leipzig, Hirzel, 1875.

littéraire avec les hommes les plus savants du pays. Comme aucun Espagnol n'écrit mieux que l'auteur des feuilles appelées le Pensador, à qui j'ai l'honneur de parler, et que son mérite littéraire a fait même assez distinguer du roi pour qu'il lui confiât la garde d'une de ses archives, j'ai cru ne pouvoir mieux servir mes amis qu'en les liant avec un homme de votre mérite.

Briefwechsel zwischen ihnen und den besten Köpfen des Königreichs zu stiften. Wie nun kein Spanier besser schreibt als der Verfasser der Blätter, die unter dem Namen der Denker so bekannt sind, ein Mann, mit dem ich die Ehre habe zu reden — Und der eine besondere Zierde der Gelehrten ist, indem er gewufst hat, mit seinen Talenten einen solchen Grad von Weltklugheit zu verbinden; dem es nicht fehlen kann, die glänzende Stufen zu besteigen, deren ihn sein Charakter und seine Kenntnisse würdig machen. Ich glaube meinen Freunden keinen angenehmern Dienst leisten zu können, als wenn ich sie mit einem solchen Manne verbinde.

pag. 312. „J'accepte avec reconnaissance des offres aussi flatteuses, et n'aurai point, monsieur, de secrets pour vous." Alors, voulant le jeter dans un embarras dont la fin seule de mon discours devait le tirer, je lui présentai de nouveau mon ami. „Monsieur, lui dis-je, n'est pas tout à fait étranger à ce que je vais vous dire, et ne sera pas de trop à notre conversation."

Cet exorde le fit regarder mon ami avec beaucoup de curiosité.

pag. 388. Ich nehme ein so gefälliges Anerbieten mit allem Dank an. Ich habe keine Geheimnisse für Sie, mein Herr,

und dieser Freund wird bey meiner Erzählung nicht zu viel seyn, er ist sattsam von dem unterrichtet, was ich Ihnen zu sagen habe.

Clavigo. (betrachtet Saint George mit Aufmerksamkeit.)

Un négociant français, chargé de famille et d'une fortune assez bornée, avait beaucoup de correspondants en Espagne. Un de plus riches, passant à Paris il y a neuf ou dix ans, lui fit cette proposition: Donnez-moi deux de vos filles, que je les emmène à Madrid; elles établiront chez moi, garçon âgé, sans famille; elles feront le bonheur de mes vieux jours, et succéderont au plus riche établissement de l'Espagne."

L'aînée, déjà mariée, et une de ses sœurs, lui furent confiées. En faveur de cet établissement, leur père se chargea d'entretenir cette nouvelle maison de Madrid de toutes les marchandises de France qu'on lui demanderait. Deux ans après le correspondant mourut, et laissa les Françaises sans aucun bienfait, dans l'embarras de soutenir toutes seules une maison de commerce. Malgré ce peu d'aisance, une bonne conduite et les grâces de leur esprit leur conservèrent une foule d'amis qui s'empressèrent à augmenter leur crédit et leurs affaires. (Ici je vis Clavico redoubler d'attention.) A peu près dans ce même temps, un jeune homme, natif des îles Canaries, s'était fait présenter dans la maison (toute sa gaieté s'évanouit

Ein französischer Kaufmann, der bey einer starken Anzahl von Kindern wenig Vermögen besaſs, hatte viele Correspondenten in Spanien. Einer der reichsten kam vor funfzehn Jahren nach Paris, und that ihm den Vorschlag: Gebt mir zwey von euren Töchtern, ich nehme sie mit nach Madrid, und versorge sie. Ich bin ledig, bejahrt, ohne Verwandte, sie werden das Glück meiner alten Tage machen, und nach meinem Tode hinterlaſs ich ihnen eine der ansehnlichsten Handlungen in Spanien.

Man vertraute ihm die älteste und eine der jüngern Schwestern. Der Vater übernahm, das Haus mit allen französischen Waaren zu versehn, die man verlangen würde, und so hatte alles ein gutes Ansehn, bis der Correspondent mit Tode abging, ohne die Französinnen im geringsten zu bedenken, die sich denn in dem beschwerlichen Falle sahen, allein einer neuen Handlung vorzustehen.

Die älteste hatte unterdessen geheurathet, und ohnerachtet des geringen Zustandes ihrer Glücksgüter, erhielten sie sich durch gute Aufführung und durch die Annehmlichkeit ihres Geistes eine Menge Freunde, die sich wechselsweise beeiferten, ihren Cre-

à ces mots, qui le désignaient).
„Malgré son peu de fortune, les dames lui voyant une grande ardeur pour l'étude de la langue française et des sciences, lui avaient facilité les moyens d'y faire des progrès rapides.

Plein du désir de se faire connaitre, il forme enfin le projet de donner à la ville de Madrid le plaisir, tout nouveau pour la nation, de lire une feuille périodique dans le genre du Spectateur anglais; il reçoit de ses amis des encouragements et des secours de toute nature. On ne doute point qu'une pareille entreprise n'ait le plus grand succès: alors, animé par l'espérance de réussir à se faire un nom, il ose se proposer ouver-

dit und ihre Geschäfte zu erweitern.

Clavigo. (wird immer aufmerksamer).

Beaumarchais. Ohngefähr um eben die Zeit hatte sich ein junger Mensch, von den Canarischen Inseln bürtig, in dem Hause vorstellen lassen.

Clavigo. (verliert alle Munterkeit aus seinem Gesicht, und sein Ernst geht nach und nach in eine Verlegenheit über, die immer sichtbarer wird.)

Beaumarchais. Ohngeachtet seines geringen Standes und Vermögens nimmt man ihn gefällig auf. Die Frauenzimmer die eine grofse Begierde zur Französischen Sprache an ihm bemerkten, erleichtern ihm alle Mittel, sich in weniger Zeit grofse Kenntnisse zu erwerben.

Voll von Begierde, sich einen Namen zu machen, fällt er auf den Gedanken, der Stadt Madrid das, seiner Nation noch unbekannte Vergnügen einer Wochenschrift im Geschmack des englischen Zuschauers zu geben. Seine Freundinnen lassen es nicht ermangeln, ihm auf alle Art beyzustehn, man zweifelt nicht, dafs ein solches Unternehmen grofsen Beyfall finden würde; genug, ermuntert durch die Hofnung, nun bald ein Mensch von einiger Be-

tement pour épouser la plus jeune des Françaises.

Commencez, lui dit l'ainée, par réussir; et lorsque quelque emploi, faveur de la cour ou tel autre moyen de subsister honorablement, vous aura donné le droit de songer à ma sœur, si elle vous préfère à d'autres prétendants, je ne vous refuserai pas mon consentement. (Il s'agitait étrangement sur son siège en m'écoutant; et moi, sans faire semblant de m'en apercevoir, je poursuivis ainsi:)

La plus jeune, touchée du mérite de l'homme qui la recherchait, refuse divers partis avantageux qui s'offraient pour elle; et, préférant d'attendre que celui qui l'aimait depuis quatre ans eût rempli les vues de fortune que tous ses amis osaient espérer pour lui, l'encourage à donner sa première feuille philosophique sous le titre imposant du Pensador." (Ici je vis mon homme prêt à se trouver mal.)

L'ouvrage (continuai-je avec un froid glacé) eut un succès prodigieux: le roi même, amusé de cette charmante production, donna des marques publiques de bienveillance à l'auteur. On lui promit le premier emploi honorable qui vaquerait. Alors il écarta tous les prétendants à

deutung werden zu können, wagt er es, der jüngsten einen Heurathsvorschlag zu thun.

Man giebt ihm Hofnung. Sucht euer Glück zu machen, sagt die älteste und wenn euch ein Amt die Gunst des Hofes oder irgend sonst ein Mittel, ein Recht wird gegeben haben, an meine Schwester zu denken, wenn sie euch denn andern Freyern vorzieht, kann ich euch meine Einwilligung nicht versagen.

Clavigo. (bewegt sich in höchster Verwirrung auf seinem Sessel.)

Beaumarchais. Die jüngste schlägt verschiedene ansehnliche Parthien aus; ihre Neigung gegen den Menschen nimmt zu, und hilft ihr die Sorge einer ungewissen Erwartung tragen, sie interessirt sich für sein Glück, wie für ihr eigenes, und ermuntert ihn, das erste Blatt seiner Wochenschrift zu geben, das unter einem vielversprechenden Titel erscheint.

Clavigo. (ist in der entsetzlichsten Verlegenheit.)

Beaumarchais. (ganz kalt.) Das Werk macht ein erstaunendes Glück; der König selbst, durch diese liebenswürdige Produktion ergötzt, gab dem Autor öffentliche Zeichen seiner Gnade. Man versprach ihm das erste ansehnliche Amt, das sich aufthun würde. Von dem Augenblicke

sa maîtresse par une recherche absolument publique. Le mariage ne se retardait que par l'attente de l'emploi qu'on avait promis à l'auteur des feuilles. Enfin, au bout des six ans d'attente d'une part, de soin et d'assiduités de l'autre, l'emploi parut et l'homme s'enfuit.“ (Ici l'homme fit un soupir involontaire; et s'en apercevant lui-même, il en rougit de confusion. Je remarquais tout sans cesser de parler.)

L'affaire avait trop éclaté pour qu'on pût en voir le dénoûment avec indifférence. Les dames avaient pris une maison capable de contenir deux ménages; les bans étaient publiés. L'outrage indignait tous les amis communs qui s'employèrent efficacement à venger cette insulte: ... Les amis indignés courent à l'instant chez lui; l'insolent ne garde plus aucun ménagement, et les défie tous de lui nuire en leur disant que si les Françaises cherchaient à le tourmenter, elles prissent garde à leur tour qu'il ne les perdît pour toujours dans un pays où elles étaient sans appui.

an entfernt er alle Nebenbuhler von seiner Geliebten, indem er ganz öffentlich sich um sie bemühte. Die Heurath verzog sich nur in Erwartung der zugesagten Versorgung. — Endlich nach sechs Jahren Harren, ununterbrochener Freundschaft, Beystand und Liebe von der Seite des Mädchens; Ergebenheit, Dankbarkeit, Bemühungen, heilige Versicherungen von der Seite des Mannes erscheint das Amt — und er verschwindet —

Clavigo. (Es entführt ihm ein tiefer Seufzer, den er zu verbergen sucht, und ganz aufser sich ist.)

Beaumarchais. Die Sache hatte zu grofses Aufsehn gemacht, als dafs man die Entwickelung sollte gleichgültig angesehen haben. Ein Haus für zwey Familien war gemiethet. Die ganze Stadt sprach davon. Alle Freunde waren aufs höchste aufgebracht und suchten Rache. ... und geht in seiner Insolenz so weit, dafs er es wagt, die Unglücklichen zu bedrohen; wagt, denen Freunden, die sich zu ihm begeben, ins Gesicht zu sagen: die Französinnen sollten sich in Acht nehmen, er böte sie auf, ihm zu schaden, und wenn sie sich unterstünden, etwas gegen ihn zu unternehmen, so wär's ihm ein leichtes, sie in einem fremden Lande zu verderben, wo sie ohne Schutz und Hülfe seyen.

„A cette nouvelle, la jeune Française tomba dans un état de convulsions qui fit craindre pour sa vie. Au fort de leur désolation, l'aînée écrivit en France l'outrage public qui leur avait été fait; ce récit émut le cœur de leur frère au point que, demandant aussitôt un congé pour venir éclaircir une affaire aussi embrouillée, il n'a fait qu'un saut de Paris à Madrid; et ce frère, c'est moi, qui ai tout quitté, patrie, devoirs, famille, état, plaisirs, pour venir venger en Espagne une sœur innocente et malheureuse; c'est moi qui viens, armé, du bon droit et de la fermeté, demasquer un traître, écrire en traits de sang son âme sur son visage: et ce traître, c'est vous."

Il voulut balbutier quelques justifications. — „Ne m'interrompez pas, monsieur; vous n'avez rien à me dire et beaucoup à entendre de moi. Pour commencer, ayez la bonté de déclarer devant monsieur, qui est exprès venu de France avec moi, si par quelque manque de foi, légèreté, faiblesse, aigreur ou quelque autre vice que ce soit, ma sœur a mérité le double outrage que vouz avez eu la cruauté de

Das arme Mädchen fiel auf diese Nachricht in Convulsionen, die ihr den Tod drohten. In der Tiefe ihres Jammers schreibt die älteste nach Frankreich die offenbare Beschimpfung, die ihnen angethan worden. Die Nachricht bewegt ihren Bruder auf's schröcklichste, er verlangt seinen Abschied, um in einer so verwirrten Sache selbst Rath und Hülfe zu schaffen, er ist im Flug von Paris zu Madrid, und der Bruder — bin ich! der alles verlassen hat, Vaterland, Pflichten, Familie, Stand, Vergnügen, um in Spanien eine unschuldige unglückliche Schwester zu rächen. Ich komme bewaffnet mit der besten Sache und aller Entschlossenheit, einen Verräther zu entlarven, mit blutigen Zügen seine Seele auf sein Gesicht zu zeichnen und der Verräther — bist du!

Clavigo. Hören Sie mich, mein Herr — Ich bin — Ich habe — Ich zweifle nicht —

Beaumarchais. Unterbrechen Sie mich nicht. Sie haben mir nichts zu sagen und viel von mir zu hören.

Nun um einen Anfang zu machen, seyn Sie so gütig, vor diesem Herrn, der exprefs mit mir aus Frankreich gekommen ist, zu erklären: ob meine Schwester durch irgend eine Treulosig-

lui faire publiquement. — Non, monsieur; je reconnais donа Maria votre sœur pour une demoiselle pleine d'esprit, de grâces et de vertus. — Vous a-t-elle donné quelque sujet de vous plaindre d'elle depuis que vous la connaissez? — Jamais, jamais. — Eh! pourquoi donc, monstre que vous êtes (lui dis-je en me levant), avez-vous eu la barbarie de la traîner à la mort, uniquement parce que son cœur vous préférait à dix autres plus honnêtes et plus riches que vous? — Ah! monsieur, ce sont des instigations, des conseils: si vous saviez... — cela suffit."

Alors me retournant vers mon ami: „Vous avez entendu la justification de ma sœur, allez la publier. Ce qui me reste à dire à monsieur n'exige plus de témoins." Mon ami sort; Clavico, bien plus étonné, se lève à son tour; je le fais rasseoir.

— „A présent, monsieur, que nous sommes seuls, voici quel

keit, Leichtsinn, Schwachheit, Unart oder sonst einen Fehler diese öffentliche Beschimpfung um Sie verdient habe.

Clavigo. Nein, mein Herr. Ihre Schwester, Donna Maria, ist ein Frauenzimmer voll Geist, Liebenswürdigkeit und Tugend.

Beaumarchais. Hat sie Ihnen jemals seit ihrem Umgange eine Gelegenheit gegeben, sich über sie zu beklagen, oder sie geringer zu achten.

Clavigo. Nie! niemals!

Beaumarchais. (aufstehend.) Und warum, Ungeheuer! hattest du die Grausamkeit, das Mädchen zu Tode zu quälen! Nur weil dich ihr Herz zehn andern vorzog, die alle rechtschaffner und reicher waren als du.

Clavigo. Oh mein Herr! Wenn Sie wüsten, wie ich verhetzt worden bin, wie ich durch mancherley Rathgeber und Umstände —

Beaumarchais. Genug! (zu Saint George) Sie haben die Rechtfertigung meiner Schwester gehört; gehn Sie und breiten Sie es aus. Was ich dem Herrn weiter zu sagen habe, braucht keine Zeugen.

Clavigo. (steht auf. Saint George geht).

Beaumarchais. Bleiben Sie! Bleiben Sie! (beyde setzen sich

est mon projet, et j'espère que vous l'approuverez

Il convient également à vos arrangements et aux miens que vous n'épousiez pas ma sœur; et vous sentez que je ne viens pas ici faire le personnage d'un frère de comédie, qui veut que sa sœur se marie: mais vous avez outragé à plaisir une femme d'honneur, parce que vouz l'avez crue sans soutien en pays étranger; ce procédé est celui d'un malhonnête homme et d'un lâche. Vous allez donc commencer par reconnaître de votre main, en pleine liberté, toutes vos portes ouvertes et vos gens dans cette salle, qui ne nous entendront point parce que nous parlerons français, que vous êtes un homme abominable qui avez trompé, trahi, outragé ma sœur sans aucun sujet; et votre déclaration dans mes mains, je pars pour Aranjouez, où est mon ambassadeur; je lui montre l'écrit, je le fais ensuite imprimer; après-demain la cour et la ville en seront inondées: j'ai des appuis considérables ici, du temps et de l'argent, tout sera employé à vous faire perdre votre place, à vous poursuivre de toute manière et sans relâche, jusqu'à ce

wieder) da wir nun so weit sind, will ich Ihnen einen Vorschlag thun, den Sie hoffentlich billigen werden.

Es ist Ihre Convenienz und meine, daſs Sie Marien nicht heurathen und Sie fühlen wohl, daſs ich nicht gekommen bin, den Comödienbruder zu machen, der den Roman entwickeln und seiner Schwester einen Mann schaffen will. Sie haben ein ehrliches Mädchen mit kaltem Blute beschimpft, weil Sie glauben, in einem fremden Lande sey sie ohne Beystand und Rächer. So handelt ein Niederträchtiger, ein Nichtswürdiger. Und also, zuförderst erklären Sie eigenhändig, freywillig, bey offenen Thüren, in Gegenwart Ihrer Bedienten: daſs Sie ein abscheulicher Mensch sind, der meine Schwester betrogen, verrathen, ohne die mindeste Ursache erniedrigt hat, und mit dieser Erklärung geh' ich nach Aranjouez, wo sich unser Gesandte aufhält, ich zeige sie, ich lasse sie drucken, und Uebermorgen ist der Hof und die Stadt davon überschwemmt. Ich habe mächtige Freunde hier, Zeit und Geld, und das alles wend ich an, um Sie auf alle Weise auf's grausamste zu verfolgen, bis der Zorn meiner Schwester sich legt, be-

que le ressentiment de ma sœur apaisé m'arrête, et me dise: Holà!"

Je ne ferai point une telle déclaration, me dit Clavico d'une voix altérée. „Je le crois, car peut-être, à votre place, ne la ferais-je pas non plus. Mais voici le revers de la médaille: écrivez ou n'écrivez pas; de ce moment je reste avec vous, je ne vous quitte plus; je vais partout où vous irez, jusqu'à ce que, impatienté d'un pareil voisinage, vous soyez venu vous délivrer moi derrière Buen Retiro. Si je suis plus heureux que vous, monsieur, sans voir mon ambassadeur, sans parler à personne ici, je prends ma sœur mourante entre mes bras, je la mets dans ma voiture, et je m'en retourne en France avec elle. Si au contraire le sort vous favorise, tous est dit pour moi, j'ai fait mon testament avant de partir; vous aurez eu tous les avantages sur nous: permis à vous alors de rire à nos dépens. Faites monter le déjeuner."

Je sonne librement: un laquais entre, apporte le chocolat. Pendant que je prends ma tasse, mon homme absorbé se promène en silence, rêve profondément, prend son parti tout de suite, et me dit: „Monsieur de Beaumarchais, écoutez-moi. Rien au monde

friedigt ist, und mir Einhalt thut.

Clavigo. Ich thue diese Erklärung nicht.

Beaumarchais. Das glaub ich, denn vielleicht thät ich sie an Ihrer Stelle ebenso wenig. Aber hier ist das andere: Schreiben Sie nicht, so bleib ich von diesem Augenblicke bey Ihnen, ich verlasse Sie nicht, ich folge Ihnen überall hin, bis Sie, einer solchen Gesellschaft überdrüfsig, hinter Buenretiro meiner los zu werden gesucht haben. Bin ich glücklicher als Sie; ohne den Gesandten zu sehn, ohne mit einem Menschen hier gesprochen zu haben, fafs ich meine sterbende Schwester in meine Arme, hebe sie in meinen Wagen und kehre mit ihr nach Frankreich zurück. Begünstigt Sie das Schicksal; so hab ich das Meine gethan, und so lachen sie denn auf unsere Kosten. Unterdessen das Frühstück.

(Beaumarchais zieht die Schelle. Ein Bedienter bringt die Schokolade, Beaumarchais nimmt seine Tasse, und geht in der anstossenden Gallerie spazieren, die Gemälde betrachtend.) . . . .

Clavigo. Hören Sie mich! Mein Betragen gegen ihre Schwester ist

ne peut excuser ma conduite envers mademoiselle votre sœur. L'ambition m'a perdu: mais si j'eusse prévu que dona Maria eût un frère comme vous, loin de la regarder comme une étrangère isolée, j'aurais conclu que les plus grands avantages devaient suivre notre union. Vous venez de me pénétrer de la plus haute estime, et je me mets à vos pieds pour vous supplier de travailler à réparer, s'il est possible, tous les maux que j'ai faits à votre sœur. Rendez-la-moi, monsieur; et je me croirai trop heureux d'obtenir de vous ma femme et le pardon de tous mes crimes. —

Il n'est plus temps, ma sœur ne vous aime plus: faites seulement la déclaration, c'est tout ce que j'exige de vous; et trouvez bon après qu'en ennemi déclaré je venge ma sœur au gré de son ressentiment.

nicht zu entschuldigen. Die Eitelkeit hat mich verführt. Ich fürchtete, all meine Plane, all meine Aussichten auf ein ruhmvolles Leben durch diese Heurath zu Grunde zu richten. Hätte ich wissen können, daſs sie so einen Bruder habe, sie würde in meinen Augen keine unbedeutende Fremde gewesen seyn; ich würde die grösten Vortheile von dieser Verbindung gehoft haben. Sie erfüllen mich, mein Herr, mit der grösten Hochachtung für Sie; und indem Sie mir auf diese Weise mein Unrecht lebhaft empfinden machen, flössen Sie mir eine Begierde ein, eine Kraft, alles wieder gut zu machen. Ich werfe mich zu Ihren Füssen! Helfen Sie! Helfen Sie, wenn's möglich ist, meine Schuld austilgen und das Unglück endigen. Geben Sie mir Ihre Schwester wieder, mein Herr, geben Sie mich ihr, wie glücklich wäre ich, von Ihrer Hand eine Gattin und die Vergebung aller meiner Fehler zu erhalten.

Beaumarchais. Es ist zu spät! Meine Schwester liebt Sie nicht mehr, und ich verabscheue Sie. Schreiben Sie die verlangte Erklärung, das ist alles, was ich von Ihnen fordere. Und überlassen Sie mir die Sorgfalt einer ausgesuchten Rache. . . . .

pag. 314. Déclaration dont j'ai l'original. „Je soussigné Joseph Clavijo, garde d'une des archives de la couronne, reconnais qu'avoir été reçu avec bonté dans la maison de madame Guilbert, j'ai trompé mademoiselle Caron, sa sœur, par la promesse d'honneur, mille fois réitérée, de l'épouser, à laquelle j'ai manqué, sans qu'aucune faute ou faiblesse de sa part ait pu servir de prétexte ou d'excuse à mon manque de foi; qu'au contraire la sagesse de cette demoiselle, pour qui j'ai le plus profond respect, a toujours été pure et sans tache. Je reconnais que par ma conduite, la légèreté de mes discours, et par l'interprétation qu'on a pu y donner, j'ai ouvertement outragé cette vertueuse demoiselle, à laquelle je demande pardon, par cet écrit fait librement et de ma pleine volonté, quoique je me reconnaisse tout à fait indigne de l'obtenir; lui promettant toute autre espèce de reparation qu'elle pourra désirer, si celle-ci ne lui convient pas. Fait à Madrid, et écrit tout de ma main, en présence de son frère, le 19 mai 1764.

„Signé Joseph Clavijo."

398. Ich *) Unterzeichneter, Joseph Clavigo, Archivarius des Königs. Bekenne, daſs, nachdem ich in dem Hause der Madam Guilbert freundschaftlich aufgenommen worden, ich Mademoiselle von Beaumarchais, ihre Schwester, durch hundertfältig wiederholte Heurathsversprechungen, betrogen habe. Ich habe sie verlassen, ohne daſs irgend ein Fehler oder Schwachheit von ihrer Seite einen Vorwand oder Entschuldigung dieses Meyneids veranlasset hätten. Im Gegentheil ist die Aufführung des Frauenzimmers immer rein, ohntadelich und aller Ehrfurcht würdig gewesen. Ich bekenne, daſs ich durch mein Betragen, den Leichtsinn meiner Reden, durch die Auslegung, deren sie unterworfen waren, öffentlich dieses tugendhafte Frauenzimmer erniedrigt habe, weswegen ich sie um Vergebung bitte, ob ich mich gleich nicht werth achte, sie zu erhalten. Welches Zeugnis ich mit freyem Willen und ungezwungen von mir gegeben habe, mit dem besondern Versprechen, daſs wenn diese Satisfaktion der Beleidigten nicht hinreichend seyn sollte, ich bereit bin, sie auf alle andere erforderliche Weise zu geben. Madrid.

---

*) Die Zwischenreden und Absätze habe ich unterdrückt.

Monsieur, je crois parler au plus offensé, mais au généreux des hommes; avant de me diffamer, accordez-moi le moment de tenter un effort pour ramener encore une fois dona Maria; c'est dans cet unique espoir que j'ai écrit la réparation que vous emportez: mais avant de me présenter, j'ai résolu de charger quelqu'un de plaider ma cause auprès d'elle: et ce quelqu'un, c'est vous. —

Je n'en ferai rien. — Au moins vous lui direz le repentir amer que vous avez aperçu en moi. Je borne à cela toutes mes sollicitations. A votre refus, je chargerai quelque autre de me mettre à ses pieds.

„Je le lui promis."

Clavigo. (Steht auf, winkt den Bedienten sich wegzubegeben und reicht ihm das Papier.) Ich habe mit einem beleidigten, aber mit einem edlen Menschen zu thun. Sie halten Ihr Wort und schieben ihre Rache auf. In dieser einzigen Rücksicht, in dieser Hofnung hab ich das schimpfliche Papier von mir gestellt, wozu mich sonst nichts gebracht hätte. Aber ehe ich es wage, für Donna Maria zu treten, hab ich beschlossen, jemandem den Auftrag zu geben, mir bey ihr das Wort zu reden, für mich zu sprechen — und der Mann sind Sie.

Beaumarchais. Bilden Sie sich das nicht ein.

Clavigo. Wenigstens sagen Sie ihr die bittere herzliche Reue, die Sie an mir gefühlt haben. Das ist alles, alles, warum ich Sie bitte, schlagen Sie mir's nicht ab, ich müfste einen andern weniger kräftigen Vorsprecher wählen, und Sie sind ihr ja eine treue Erzählung schuldig. Erzählen Sie ihr, wie Sie mich gefunden haben!

Beaumarchais. Gut, das kann ich, das will ich. Und so Adieu.

Diese von Goethe wörtlich aus dem französischen Texte entlehnten Stellen enthalten manche Gallicismen, die natürlich der Sprache nachteilig werden mufsten. Es lohnt sich, einige dieser

Gallicismen näher zu betrachten. „... sie werden das Glück meiner alten Tage machen, ..." ist eine steife Wendung und gezwungen; in der Quelle steht: „... elles feront le bonheur de mes vieux jours, ..." Nicht minder künstlich ist: „... die sich denn in dem beschwerlichen Falle sahen ..." entsprechend dem Texte des Memoires: „dans l'embarras de soutenir toutes seules une maison de commerce". Es könnte beinahe so scheinen, als habe der Dichter das Lexikon nachgeschlagen und sub „embarras" gefunden: „Schwierigkeit", beschwerlicher Fall; also dans l'embarras: in dem beschwerlichen Falle.

„... und ohnerachtet des geringen Zustandes ihrer Glücksgüter, erhielten sie sich durch gute Aufführung und durch die Annehmlichkeit ihres Geistes eine Menge Freunde ..." Wunderbar! wie der junge Dichter, der soeben den „Werther", schrieb, im „Clavigo" stellenweise förmlich auf Stelzen geht, wie er abzulegen scheint, was ihn auch schon im ersten Werden seiner künstlerischen Thätigkeit so groß macht: Die ungebundene Herrschaft über die Sprache, die sich wohl bis zur Keckheit versteigt, sich aber nirgends in spanische Stiefel zwängen läßt wie hier im „Clavigo"! Nur der Vergleich mit der Quelle macht uns dieses hölzerne „geringer Zustand ihrer Glücksgüter", „gute Aufführung" und „Annehmlichkeit des Geistes" verständlich, denn dort steht geschrieben: „Malgré ce peu d'aisance, une bonne conduite et les grâces de leur esprit leur conservèrent une foule d'amis." ... „Die Frauenzimmer, die eine große Begierde zur französischen Sprache an ihm bemerkten" ... So spricht der Deutsche nicht, wenigstens nicht, wenn er den Mund auf dem rechten Flecke hat, und zumal der junge Goethe sonst nicht; wohl aber lesen wir bei dem Franzosen: „les dames lui voyant une grande ardeur pour l'étude de la langue française, ..." „Voll von Begierde, sich einen Namen zu machen, fällt er auf den Gedanken, der Stadt Madrid das seiner Nation noch unbekannte Vergnügen einer Wochenschrift im Geschmack des englischen Zuschauers zu geben." „Einer Stadt das Vergnügen einer Wochenschrift geben" ist wiederum ungelenk; die Vorlage hat: „il forme enfin le projet de donner à la ville de Madrid le plaisir, ...". Sonderbar geschraubt hört sich an: „Es ist Ihre Konvenienz und meine, daß Sie Marien

nicht heiraten", für das französische: „Il convient également
à vos arrangements et aux miens que vous n'epousiez pas ma
sœur ..."

„Ich habe sie verlassen, ohne dafs irgendein Fehler oder
Schwachheit von ihrer Seite einen Vorwand oder Entschuldigung
dieses Meyneids veranlaßt hätten." Hier hätte eine genauere Anlehnung an das Original sogar zu gewandterem Deutsch geführt:
„sans qu'aucune faute ou faiblesse de sa part ait pu servir de prétexte ou d'excuse à mon manque de foi ..."

„Im Gegenteil ist die Aufführung des Frauenzimmers immer
rein, ohntadelich und aller Ehrfurcht würdig gewesen" ... „qu'au
contraire la sagesse de cette demoiselle, pour qui j'ai le plus profond respect, a toujours été pure et sans tache". Clavigo erklärt
ferner, dafs er öffentlich dieses tugendhafte Frauenzimmer „erniedrigt habe ..." Warum nicht wenigstens etwas kräftiger, herz-
hafter? Der Dichter brauchte nur das „outrager" der Quelle mit
„beschimpfen" zu übersetzen, was es ja alle Tage bedeutet, so kam
doch ein energischer Gedanke hinein für das kraftlose „erniedrigt
habe".

„In dieser einzigen Hoffnung habe ich das Papier von mir
gestellt." Ein Papier von sich stellen! Die Quelle freilich hat
diesen sonderbaren Ausdruck nicht verschuldet, denn dort heifst
es: „c'est dans cet unique espoir que j'ai écrit la réparation que
vous emportez." Und so kann die Bildung als Gallicismus nicht
bezeichnet werden; immerhin ist sie beweisend für die Gezwungen-
heit des Clavigostils. Auch tritt im übrigen die Befangenheit des
Stils nach der Richtung des Französischen ja ganz deutlich und
unwiderleglich hervor, sie geht so weit, dafs sich französische
Konstruktionsweise sogar an einer Stelle findet, wo unmittelbare
Anlehnung an die Quelle nicht möglich war. Es ist die folgende:
pag. 415, Akt IV.

„... erinnert sich immer des stolzen Clavigos, der sich nie
öffentlich sehen liefs, ohne eine stattliche, herrliche, hochäugige
Spanierin im Triumph aufzuführen, deren volle Brust, ihre blühenden Wangen, ihre heifsen Augen, all, alles die Welt rings umher zu fragen schien ..."

In dem Relativsatze „Deren volle Brust etc." ist eine Unregelmäſsigkeit, wie jeder sieht; die Subjekte „ihre blühenden Wangen, ihre heiſsen Augen" sind in freier Weise in die relative Konstruktion eingeschaltet. Zu erwarten wäre entweder: „deren volle Brust, deren blühende Wangen, deren heiſse Augen etc." oder „deren volle Brust, blühende Wangen, heiſse Augen . . ." Statt dessen setzte der Dichter das positive Pronomen „ihre" vor die Begriffe und lieſs sie trotzdem abhängen von dem Relativum „deren". Das leidet nun aber der exakte deutsche Stil durchaus nicht. Es steckt auch hier französische Konstruktion in der Goetheschen Diktion; und wenn man bedenkt, in welcher Weise der Clavigo entstand, wie er binnen einer unglaublich kurzen Frist vollendet wurde und der Autor, ich möchte sagen, den Beaumarchais ununterbrochen vor sich aufgeschlagen liegen haben muſste, während er sein Manuskript niederschrieb, da sonst eine so intime Benutzung der Quelle nicht vor sich gehen konnte — wenn man sich das nur stets vergegenwärtigt bei Untersuchungen wie die vorliegende, so begreift es sich ohne Mühe, daſs die französische Atmosphäre, in der das Stück zum Leben kam, auch sprachliche Abnormitäten wie die dargestellte, erzeugen konnte. Französische Konstruktion aber empfinde ich ganz ohne Zweifel darin; dort würde der Passus etwa lauten: „. . . dont le sein plein, ses joues fleuries, ses yeux ardents *) . . ."

Die Erörterung dieses eben besprochenen Gallicismus im eigentlichen Sinne — ich habe oben den Begriff etwas weiter gefaſst — leitet von selber über zu dem im Eingange dieses Kapitels aufgestellten ferneren Gesichtspunkte, nach welchem

> der Stil des „Clavigo" unbewuſst französisch gefärbt wurde, indem der Dichter sich völlig in die Vorlage einlas und dadurch, so zu sagen, seine stilistische Unbefangenheit einbüſste.

Diese französierende Manier erscheint oft nur in unauffälligen

---

*) Durch die Annahme eines Anakoluths, scheint mir, ist die Schwierigkeit nicht zu heben; läge ein Anakoluth vor, müſste überhaupt die relative Abhängigkeit aufgehoben sein, die Stelle müſste etwa lauten: „deren . . . ihre blühenden Wangen, ihre heiſsen Augen, all, alles schien die Welt ringsum zu fragen".

und nebensächlichen Bestandteilen der Rede und ist darum erst bei scharfem Aufmerken zu erkennen.

Da sagt z. B. Sophie: „Guilbert kommen Sie! Helft mir dieser Kleinen Mut einsprechen . . ." „Diese Kleine" — nämlich die unglückliche Marie, die der Bruder eventuell „sterbend in den Wagen heben will" — ist dieselbe, zu der Sophie vorher gesagt hat: „Du hast das mit gar manchem guten Kinde gemein . . ." etc., die den Bruder nachher zu der tief empfundenen Äußerung bringt: „Es ist doch ein gutherziges Geschöpf, so ein Mädchen". Marie also eine „Kleine", ein „gutes Kind", ein „gutherziges Geschöpf!" Dazu erhält man erst die erwünschte Illustration durch die Quelle, die den angeschlagenen Ton noch gesteigert fortklingen läßt. „C'est un monstre (ajoutai-je en riant) que ce Clavigo, comme la plupart des hommes . . . Mon bavardage la fit sourire au milieu de ses larmes." So konnte der Beaumarchais der Geschichte die Situation auffassen, oberflächlich und ein wenig leichtfertig, denn was kam für seine Zwecke so viel an auf die Herzensgeschichte eines liebenden Mädchens? Dafür wäre ihm sein Publikum wenig dankbar gewesen: als Rächer der verletzten Familienehre wollte er sich vor den Parisern herausstreichen, wie Danzel sehr richtig bemerkt *).

Sehr vorsichtig freilich muß man bei dieser ganzen Kritik verfahren, denn bei einem Gegenstande, wie der vorliegende ist, wird das Urteil leicht dadurch getrübt, daß es etwaige Abweichungen von der guten deutschen Diktion unserer Tage ohne weiteres für stilistische Gebrechen erklären möchte, weil es sich des Unterschiedes der Redeweise in der Zeit, da der „junge Goethe" dichtete, von der heutigen nicht klar genug bewußt ist.

Gerade dafür ist eine Stelle, wie die folgende, lehrreich: „Hören Sie mich, Beste, wenn Sie mich nicht sehen wollen" — also redet Clavigo die Marie an. Das „Beste" bei solcher Veranlassung im Munde des reuig wiederkehrenden Liebhabers, der alles aufbieten muß, sein Mädchen durch die Eindringlichkeit seiner Worte, durch das Feuer seiner Empfindungen wieder zu gewinnen,

---

*) Theod. Danzel, Über Goethes „Clavigo". Gesammelte Aufsätze, herausgegeben von Otto Jahn als Anhang zu „Danzel, Gottsched und seine Zeit".

erscheint recht inhaltlos, ja geradezu fade nach modernem Gefühl.
Man durchforsche aber nur den Sprachgebrauch des „jungen
Goethe" in Hinsicht auf diesen Punkt; dann wird sich die Wertschätzung des Gewichtes dieses „Beste" ein wenig anders gestalten.
Ich bin imstande, an einer Reihe von Beispielen diesen Sprachgebrauch festzustellen. Im „Werther" heifst es:

„Ich trete an's Fenster, meine Beste, und seh und sehe noch
durch die stürmenden vorüberflichenden Wolken einzelne
Sterne des ewigen Himmels!" (W 372.) *)

*) W. 372. Die Zahl bedeutet hier wie in allen übrigen Belegstellen die Seitenzahl in der Ausgabe von Bernays v. 1875. Für die einzelnen gröfseren Werke benutze ich folgende Siglen: W = Werther; B = Berlichingen und zwar beide Fassungen zusammen; K = Claudine von Villa Bella; E = Erwin und Elmire; Clav. = Clavigo; S = Stella.

Br. bezeichnet die Briefe in der Weimar-Ausgabe, 4. Abt. Band I. II. III.
U = Urfaust: Ausgabe von Erich Schmidt, Weimar 1887. Die Zahlen geben die Seite an. Mis = sämtliche übrigen Schöpfungen des jungen Goethe, die römischen Ziffern geben die Bändezahl bei Bernays an.

Hinsichtlich der Citate aus den „Frankfurter Gelehrten-Anzeigen" ist folgendes zu beachten: Bernays hat nur 28 Stücke, für welche die Autorschaft Goethes feststeht, in seine Ausgabe aufgenommen. Es könnte darum notwendig erscheinen, das Material durch Benutzung der Ausgabe der „Frankf. Gel.-Anz." in Seufferts deutschen Litteraturdenkmalen des 18. Jahrhunderts zu vermehren. Prüft man jedoch das dort Gebotene an der Hand der Einleitung von Scherer, so ergiebt sich, dafs ein einigermafsen sicherer Nachweis für den Ursprung der Artikel aus Goethes Feder eben nur für jene 28 von Bernays aufgenommenen Nummern zu erbringen ist. Aus diesem Grunde konnte ich füglich darauf verzichten, aus der Ausgabe von Seuffert zu citieren. Zur Bequemlichkeit für denjenigen, der die von Bernays herausgegebenen Stücke bei Seuffert vergleichen will, erfolgt hiermit eine entsprechende Zusammenstellung.

	Bernays	Seuffert
No.	pag.	pag.
1	405	75
2	411	85
3	413	98
4	416	118
5	420	151
6	421	172
7	422	174
8	425	205

W 308: "Wenn Sie mich sähen meine Beste, in dem Schwall von Zerstreuung!"

In der „Stella":

S 672: Beste! Liebste! Ich schliefs dich Engel an mein Herz!"
S 648: „Auf, Bester! Steh' auf! ich kann dich nicht knien sehen."

Vgl. S 647: „Bester!"

Diese Beispiele beweisen, dafs „beste" und „bester" auch da ausgetauscht wird, wo es einen tieferen Inhalt haben mufs, nämlich wo die Liebe zur Liebe redet.

Auch der Freund sagt es zum vertrauten Freunde:

W 297. „O dafs ich nicht an Deinen Hals fliegen, Dir mit tausend Thränen und Entzückungen ausdrücken kann, mein Bester, all die Empfindungen, die mein Herz bestürmen."

In den Briefen an Frau von Stein ist das „Beste" nicht selten:

Br III 98. „Wie haben Sie geschlafen beste."

No.	Bernays pag.	Seuffert pag.
9	427	230
10	429	269
11	432	284
12	434	305
13	435	319
14	438	311
15	439	161
16	442	473
18	450	190
19	451	191
20	453	492
21	454	518
22	455	565
23	460	569
24	492	579
25	467	603
26	470	664
27	477	678
28	480	689

Br. III 107. „Ade. beste."
Br. III 49. „Adieu beste."
Ferner: III 75, 82, 84 u. s w.

Ferner findet es sich in einem Briefe an die Gräfin Stolberg:

Br. II 260. „Ade! Ade! Beste." „Hier Beste."

Goethe liebt es auch, diesen Superlativ bisweilen adjektivisch zum Substantiv zu fügen:

Br. III 102. „Wenn das so fortgeht beste Frau werden wir warrlich noch zu lebendigen Schatten."
Br. III 108. „Dancke tausendmal beste Frau."
Br. III 47. „Beste Frau, mir ist immer Sie sind in Gotha wenn ich wiederkomme."
S 663. „Bleib noch hüben, beste theuerste Frau!"
S 645. „Mutter, beste Mutter!"

In allen diesen Fällen, darf man wohl sagen, will der Dichter in den in Frage stehenden Begriff Herzlichkeit und aufrichtige Empfindung legen. Eine andere Nüance erhält die Bedeutung des Wortes, wenn Fernando seine erste Frau „Beste" anredet:

S. 680. „Wie's nun will, Beste!"

Denn nicht zu vergessen: es ist der unaufrichtige Fernando, der so spricht.

Die folgenden Belegstellen endlich drücken die Bedeutung des Begriffs mehr zum Konventionellen herab und nähern ihn so am meisten seiner heutigen Geltung.

Der alte Bernardo nämlich sagt zu seiner jungen Herrin und früheren Schülerin:

E 518. „O, meine beste, welche Empfindung fiel über mich her!"
E 517. „O meine beste, wie soll ich's ihnen ausdrücken . . ."

In der Mehrzahl der besprochenen Fälle jedoch, sahen wir, hat die Anrede oder das Attribut „Beste" und „Bester" einen tieferen Gehalt: daraus darf gefolgert werden, dafs der Begriff auch an jener Stelle im „Clavigo" keineswegs so schwach und oberflächlich ist, wie es nach dem sprachlichen Empfinden unserer Tage scheinen könnte.

Recht bezeichnend für diese ganze Scene, die an Inhaltlosigkeit der Gedanken und Künstelei des Fühlens bei Goethe gewifs nicht ihresgleichen hat, sind die Worte der Sophie:

„Grausamer, in welchen Zustand versetzen Sie uns."

Bei Clavigos Erscheinen nämlich thut Marie „einen Schrei und fällt Sophien in die Arme". Und da weifs nun Sophie ihre Empfindungen nur durch diesen gespreizten Ausruf wiederzugeben! Denn die Bezeichnung „grausam" im eigentlichen Sinne kann der Sophie nicht gut beifallen, da sie ja dem um Vergebung Flehenden und ihre Vermittelung Suchenden mit aller Sympathie das Wort geredet hat und ganz für die Versöhnung gewonnen ist. Wir kennen eben jene Manier schon. Ich verweise auf eine Stelle im Memoire, wo Beaumarchais von der Schwester berichtet, dafs sie, als Clavigo um Verzeihung bittet, „vint se jeter dans mes bras en pleurant, et m'assurant tout bas qu'en vérité j'étais un homme dur et sans pitié pour elle". Dieses „dur et sans pitié" gilt gerade so viel wie jenes „Grausamer"; man lese nur ein wenig weiter im Memoire: „Tout le monde passa la soirée avec nous dans la joie d'un si heureux changement": Sie waren alle ganz vergnügt, die Schwester also auch; und darum wird es ihr zuvor auch nicht so gar Ernst gewesen sein mit ihrem „dur et sans pitié": die „Kleine" ist Französin genug, um im Anfange ein wenig spröde zu thun. Ist so das „Grausamer!" mehr eine Redensart, so finde ich das „in welchen Zustand versetzen Sie uns" recht steif und gedrechselt. So spricht doch wahrlich keine einfache Bürgerfrau, in Frankfurt nicht und in Madrid nicht.

Der Niederschlag des stolzierenden und paradierenden Stils der Quelle durchsetzt die Diktion des „Clavigo" mit derartigen Bestandteilen. Wohin man blickt, verspürt man den sensationsbedürftigen Verfasser des Memoires, der all sein Thun mit einem gewissen Nimbus zu umgeben sucht und ohne theatralische Staffage in Rede und Handeln nicht gut fertig wird, der mit seiner Person stets eine Art Kultus treibt, um auf die Weise für seine Zwecke in Paris möglichst viel Kapital aus der Darstellung seiner „heldenhaften" Grofsthat zu schlagen. Im Trauerspiel „Clavigo" darf nun freilich der Bruder so selbstgefällig nicht auftreten, denn das wäre ja ganz unleidlich; aber dafür wirken die Mithandelnden ohne Unterlaſs für ihn und schmeicheln seiner Eigenliebe, wo es nur angeht. Marie z. B. ist doch sonst ein Charakter von erquickender Natürlichkeit inmitten dieser vielfach gezierten Rokokomenschen. Damit ist aber nicht ausgeschlossen, daſs ihr nicht hier und dort doch auch ein Gefühlslapsus, wenn ich so sagen darf, passiert; später mehr davon: ich weise an dieser Stelle nur darauf hin, daſs sie der Person des Bruders gegenüber derselben krankhaften Übertreibung erliegt, an der die Mithandelnden leiden. Oder ist es etwa natürlich und schlicht-wahr? wenn sie meint:

> Clav. 424. „Ich sehe dein Angesicht nur wenige Zeit: aber schon drückt es mir alle deine Empfindungen aus, ich lese jedes Gefühl dieser unverstellten unverdorbenen Seele auf deiner Stirne" ...

In demselben Fahrwasser treibt Buenko daher:

> Clav. 384. „Mein Herr, erlauben Sie einem Unbekannten, der den edlen braven Menschen in Ihnen bey'm ersten Anblick erkennt, seinen innigsten Antheil an Tag zu legen, den er bey dieser ganzen Sache empfindet. Mein Herr! Sie machen diese ungeheure Reise, Ihre Schwester zu retten, zu rächen. Willkommen! seyn Sie willkommen wie ein Engel, ob sie uns alle gleich beschämen!"

Die richtige Beurteilung dieser „ungeheuren Reise" lehrt eine Stelle der Quelle, wo Beaumarchais schönrednerisch seine Aufopferung, nach Madrid gekommen zu sein, in das rechte Licht zu rücken sucht durch die prunkvolle Tirade: „c'est moi, qui ai tout quitté, patrie, devoirs, famille, état, plaisirs, pour venir venger en Espagne une sœur innocente et malheureuse". Bestochen durch diese Weise des eitlen Journalisten läſst der Dichter nun auch in dem Trauerspiele des Bruders „Saut de Paris à Madrid" dem Buenko ungeheuer erscheinen.

Gerade so übertreibend äuſsert sich Guilbert über das Verdienst dieses Bruders:

> „Ich ehre die unternehmende Seele unsers Bruders, ich habe im stillen seinem Heldengange zugesehn ..."

Es ist ja gewifs wacker und brav, dafs der geistreiche Parisien seine „plaisirs" im lustigen Zentrum der Welt ein Weilchen aufgiebt und für die arme Schwester in Madrid einzutreten sucht (NB. mit Geld und Empfehlungen bestens ausgestattet!) — aber wird ein einfach und ungekünstelt empfindender Mensch dieses Unternehmen für einen „Heldengang" achten?

Clavigo selber allerdings fordert Marie auf: „die heldenmütige That eines edlen Bruders zu belohnen", des Bruders, der endlich für Marie eine „edle, grofse Seele ist".

So bemühen sich die Personen des Stückes, den Beaumarchais zu einem Helden zu stempeln, genau entsprechend dem Gebahren des Verfassers des Memoires, der überall mit seinem lieben Ich in den Vordergrund zu treten sucht und hübsches Brillantfeuerwerk als Beigabe nicht spart: um so heller wird ja sein eigenes Thun hervorleuchten, um so mehr Paris ihn bewundern und seine Ankläger und Feinde schweigen heifsen. Für solche Zwecke ist die französische Sprache nun wie geschaffen: sie gleitet mit leichter Eleganz hinweg über die Inhaltlosigkeit eines Gedankens. Die deutsche Sprache ist minder willig, deshalb merkt man ihr Künstelei und Unaufrichtigkeit auch viel leichter an als der französischen. Wo sie freilich die Dinge zum Ausdruck bringt, wie sie sind; nicht mehr und nicht weniger zu sagen braucht, als angemessen ist: fliefst auch sie in gefälliger Geschmeidigkeit und Leichtigkeit. So ist sie weniger gefügig als die französische, aber dafür ehrlicher. Darum kleidet französische Farbe sie schlecht; der Stil des „Clavigo" beweist es mehr als genug: die französierende Manier, die dem Dichter hier, ohne dafs er sich dessen bewufst war, die Feder führte, that der deutschen Diktion sehr Eintrag.

Der Dichter trug nun aber auch — und damit wird die Untersuchung auf den im Eingang des Kapitels aufgestellten dritten Gesichtspunkt geführt — bewufst und mit guter Absicht französische Farbe auf, indem die Sprache der Personen beeinflufst wurde durch das in der Handlung gegebene milieu. Darin kann und soll nun an und für sich kein Tadel für den Wert des Kunstwerks liegen; im Gegenteil soll der Dichter dem Drama eine dem milieu entsprechende Farbe geben. In der „Technik des Dramas"*) wird über diesen Punkt sehr fein ausgeführt (pag. 286):

„Charakter und Handlung werden von dem Dichter lebhaft in der Besonderheit empfunden, welche Zeit, Ort, Bildungsverhältnisse des wirklichen Helden, seine Art zu sprechen und zu handeln, die Tracht und die Formen des Umgangs im Gegensatz zu unserem Leben haben."

Weiter heifst es pag. 289:

„Und diese Stimmung, die er (nämlich der Dichter) seiner Seele gegeben hat, verläfst ihn nicht, auch während er seine Helden durch die Scenen führt, sie wird ihm nicht nur die Sprache richten, auch das Zusammenwirken der Personen, die Art, wie sie sich gegeneinander benehmen, Formen des Umgangs, Sitte und Brauch der Zeit."

Goethe that also nur recht daran, wenn er sich auch mit der Sprache in die Sphäre versetzt, in der sein Held lebt und die Handlung wurzelt. Sein Held aber ist ein weltmännisch gebildeter Höfling — seine Sprache und seine Umgangsformen werden demnach Ende des 18. Jahrhunderts französisch sein; er ist ein eleganter Journalist — als solcher wird er elegant französisch reden. Beaumarchais ist ebenfalls Journalist, aufserdem Parisien! Französische Farbe im Auftreten und Ausdruck dürfte daher garnicht fehlen.

Zugleich jedoch war eben dieses durch die Handlung zur notwendigen Voraussetzung gewordene milieu die gefährliche Klippe, an der der deutsche Dichter, der ein deutsches Trauerspiel schreiben wollte, nur gar zu leicht scheitern konnte: Wo der Deutsche tragische Wirkung verlangt, ist der Franzose pathetisch; wo der Deutsche die Saiten des Gemüts klingen hören will, ist der Franzose oberflächlich, selbst ein wenig frivol. Diese Grundunterschiede des Fühlens sind auf keine Weise völlig auszugleichen, denn sie beruhen auf der Verschiedenheit des Nationalcharakters. Eine deutsche Tragödie in französischer Gewandung wird darum stets an einer gewissen Halbheit leiden.

---

*) Gustav Freitag, Technik des Dramas. 5. Aufl. Leipzig 1886.

Goethe gab seinem Helden ja die ganze Liebenswürdigkeit, die formvollendete Feinheit des französisch gebildeten Schöngeistes und Weltmanns, aber auch dessen leichtsinnige Oberflächlichkeit und Phrasenhaftigkeit in der Sprache und in den Anschauungen. Auf die Weise büfste Goethes sinnlich energische Sprache Kraft und Selbständigkeit ein. Diesen französischen Ton nun zu treffen, war dem Dichter leicht genug gemacht. Er übersetzte ja den gröfsten Teil der grofsen Scene des zweiten Aktes wörtlich; so erhielt seine Sprache ganz von selber das durch das milieu gebotene Kolorit: diese Schattierung dann auch in den neugeschaffenen Scenen beizubehalten, war nicht schwer.

Man prüfe einmal unter diesem Gesichtspunkte die gegenseitige weltmännische Bekomplimentierung der beiden Gegner! Ist französische Weise darin zu verkennen? Als echte Salonmenschen der feinen Gesellschaft von Paris ergehen sich Beaumarchais und Clavigo in den oberflächlichsten, durch den sogenannten guten Ton bedingten, konventionellen Höflichkeitsphrasen, die sich viel weiter ausdehnen, als die Anknüpfung der Unterredung notwendig erfordern würde. Die leere Redensart hat in diesem eleganten Ergufs den schönsten Spielraum. Die echte causerie charmante! Man höre:

386. Clavigo. Meine Herren, es ist mir eine Freude, Männer von einer Nation bey mir zu sehen, die ich immer geschätzt habe.

Beaumarchais. Mein Herr, ich wünsche, dafs auch wir der Ehre würdig seyn mögen, die Sie unsern Landsleuten anzuthun belieben.

Saint George. Das Vergnügen, Sie kennen zu lernen, hat bey uns die Bedenklichkeit überwunden, dafs wir beschwerlich seyn könnten.

Clavigo. Personen, die der erste Anblick empfiehlt, sollten die Bescheidenheit nicht so weit treiben.

Beaumarchais. Freylich kann Ihnen nicht fremd seyn, von Unbekannten besucht zu werden, da Sie durch die Vortreflichkeit Ihrer Schriften sich eben so sehr in auswärtigen Reichen bekannt gemacht haben, als die ansehnlichen Aemter, die Ihro Majestät Ihnen anvertrauen, Sie in Ihrem Vaterlande distinguieren!

Clavigo. Der König hat viele Gnade für meine geringe Dienste, und das Publikum viel Nachsicht für die unbedeutende Versuche meiner Feder, ich wünschte, daſs ich einigermassen etwas zu der Verbesserung des Geschmacks in meinem Lande, zur Ausbreitung der Wissenschaften beytragen könnte . . ."

Beaumarchais. Es ist entzückend, einen Mann so reden zu hören, der gleichen Einfluſs auf den Staat und auf die Wissenschaften hat . . ."

Obige Wechselreden, die plänkelnde Introduktion des von Beaumarchais zu eröffnenden Kampfes, sind von Goethe frei erfunden, denn die Ausschreibung der Quelle beginnt erst mit den Worten: „Eine Gesellschaft gelehrter . . ." etc. Um so erstaunlicher ist es, wie der Dichter sich darin so ganz angeschmiegt hat an die Weise des Beaumarchais, die zu erkennen die Scene dann sattsam Gelegenheit giebt.

Man wird förmlich ungeduldig über diesem Hin und Her von zwar äuſserlich wohl geschmiegelten, aber doch ganz unaufrichtigen Flattereien. Auch wenn gar nicht bekannt wäre, daſs Goethe eine französische Quelle benutzte, würde ich stets französische Färbung im „Clavigo" empfinden: französischer Salonton, gewandte Konversation, die wenig sagt und wenig sagen will, die zufrieden ist, den bel esprit zu zeigen, wenig Inhalt in die prunkvolle Gewandung glänzender Rhetorik zu kleiden — das ist die Farbe, die das milieu der Handlung zwar notwendig machte, die aber den deutschen Ausdruck entstellte, indem er wohl oder übel der Phrase dienstbar wurde.

II. Kapitel.
Der Clavigostil und die Empfindsamkeit.

„Clavigo" und „Werther" sind in demselben Jahre vollendet worden, „Werther" aber etwas eher, denn schon im März 1774 schreibt Goethe an Kestner:

> Br. II 149. „Wie offt ich bey euch binn, heisst das in Zeiten der Vergangenheit, werdet ihr vielleicht ehestens ein Dokment zu Gesichte kriegen."

Mit diesen Worten kann ja nur auf „Werther" angespielt sein. Die Absendung des Romans an Lotte freilich erfolgte erst am 23. September; aber das hatte bekanntlich seine guten Gründe. Wenn nun aber auch die Arbeit am „Werther" schon hinter dem Dichter lag, als er den „Clavigo" schrieb, wenn auch die gewaltige Befreiungsthat schon geschehen war, die des jugendlichen Stürmers Brust läuterte von der krankhaften Überschwenglichkeit einer einseitig im Gefühl aufgehenden Richtung, so war es doch natürlich, dafs er nicht plötzlich die Krankheit der Zeit völlig überwand. In der That ging die Heilung auch nur allmählich vor sich; der junge Dichter blieb noch eine Weile Rekonvalescent. Man merkt es deutlich genug an den nächstfolgenden Werken: „Stella" ist ganz und gar durchsetzt von Empfindsamkeit und zwar unsittlicher und darum in sich verderbter Empfindsamkeit. Und dafs „Clavigo" nicht frei ist von diesem, man möchte fast sagen, hysterisch-überspannten Hange zur Rührseligkeit, läfst sich unschwer erkennen.

Wer verkennt den empfindsamen Wertherstil, wenn der im Grunde so kalte, verständig-berechnende Carlos sich zu so exstatischen Ergüssen versteigt, wie:

> Clav. 417. „Armer! Elender! Ich hofte, diese jugendlichen Rasereyen, diese stürmenden Thränen, diese versinkende Wehmuth sollte vorüber seyn, ich hofte, dich als Mann nicht mehr erschüttert, nicht mehr in dem beklemmenden Jammer zu sehen, den du ehemals so oft in meinen Busen ausgeweint hast. Ermanne dich, Clavigo, ermanne dich!"

Stürmende Thränen! Versinkende Wehmuth! Beklemmender Jammer! Clavigo hat das alles „ausgeweint in den Busen" des Carlos! Damit ist zu vergleichen:

> S 640. „Wie oft hat alles an mir gezittert und geklungen, wenn er in unbändigen Thränen die Leiden einer Welt in meinen Busen hinströhmte, ..."

„Clavigo" selber bietet noch Ähnliches in Menge:

> 416. „Du bist hin! verlohren auf ewig. Leb wohl, Bruder! und lafs mich alles vergessen, lafs mich mein einsames Leben noch so ausknirschen, über das Schicksal deiner Verblendung."

Nur die Empfindsamkeit kann sich vorstellen, dafs Carlos „sein einsames Leben ausknirscht!" Der echte Wertherstil macht seinen Gefühlen gerne Luft in der Form des Ausrufs; den Ausruf liebt auch der manirierte Wertherstil:

> Clav. 394. „Welche Seligkeit wartete dein in ihren Armen! in der Freundschaft solch eines Bruders! Marie! Marie! O dafs du vergeben könntest, dafs ich zu deinen Füfsen das all abweinen dürfte! Mein Herz geht mir über; meine Seele geht mir auf in Hofnung!"

Will Clavigo hier „das all abweinen", so denkt er ein andermal seine „Reue auszuweinen":

> Clav. 407. „Ich hätte mich zu Deinen Füssen werfen, stumm meinen Schmerz, meine Reue ausweinen wollen, Du hättest mich ohne Worte verstanden, wie ich ohne Worte meine

Vergebung erhalte. Nein, diese innige Verwandtschaft unserer Seelen ist nicht aufgehoben; nein, sie vernehmen einander noch wie ehemals, wo kein Laut, kein Wink nötig war, um die innersten Bewegungen sich mitzutheilen."

Der ganze Passus ist tiradenhaft und schwülstig, man merkt das Künstliche so durch. Die Empfindsamkeit in ihrer reinsten und edelsten Form, die des „Werther", drückt die tiefsten und heiligsten Empfindungen des Herzens aus — wo sich das Empfindsame im „Clavigo" regt, ist es fast nie echt gefühlt:

> Clav. 402. „Er ist noch der Alte, noch eben das gute, sanfte, fühlbare Herz, noch eben die Heftigkeit der Leidenschaft, noch eben die Begier, geliebt zu werden, und das ängstliche marternde Gefühl, wenn ihm Neigung versagt wird."

So hoch schraubt Sophie ihr Empfinden, die praktische und verhältnismäfsig nüchterne Sophie! Von ihr erwarten wir diese Weise nicht, wenn wir sie auch dem Clavigo nachsehen wollen, zumal in der Versöhnungsscene, wo der Mann schlechterdings keine wahre Seelenregung an den Tag legen kann, wo er ja doch sagen mufs, was nicht dem Herzen entströmt.

> Clav. 401. „An der Brust dieser Lieben liegt noch der Himmel wie vormals, aller Ruhm, den ich erwerbe, alle Gröfse, zu der ich mich erhebe, wird mich mit doppeltem Gefühl ausfüllen, denn das Mädchen theilt's mit mir, die mich zum doppelten Menschen macht."

„Der Himmel liegt an der Brust dieser Lieben" — wie hohl die Phrase! ebenso: „aller Ruhm, alle Gröfse wird mich mit doppeltem Gefühl ausfüllen". Wie weit entfernt sich solche Diktion von dem kernigen Goetzstil, ohne trotz äufserem Anklang auch nur entfernt dem musikalischen Wohllaut und der heifsen Beredsamkeit des „Werther" nahe zu kommen.

Eine leere Redensart wieder in Clavigos Munde ist es, Beaumarchais gegenüber zu beteuern:

> 396. „o ich kenne das Herz! o, ihre Güte, ihre himmlische Seele schwebt mir ganz lebhaft vor ..."

Die Wendung, „ihre himmlische Seele schwebt mir ganz lebhaft vor", ist stilistisch durchaus unbestimmt und inhaltlich natürlich noch mehr. Das gilt auch vom folgenden:

Clav. 402. „denn ach! liebt' ich ihn nicht, wie du, mit der vollsten, reinsten, schwesterlichsten Liebe? Hat mich nicht seine Entfernung gekränkt, gemartert? Und nun, den Rückkehrenden, den Reuigen zu meinen Füssen. — Schwester! es ist so was Bezauberndes in seinem Anblick, in dem Ton seiner Stimme."

Zu welcher Rhetorik schwingt sich Sophie hier wieder auf! „Mit Liebe lieben" klingt nicht schön, trotz der gehäuften Attribute, die den Nachdruck steigern sollen, wozu eine ganz entsprechende Parallele im „Werther" steht:

W 343. „Ist nicht meine Liebe zu ihr die heiligste, reinste, brüderlichste?"

Nicht ohne Wert für die Erkenntnis der Seite des Clavigostils, die ich im Vorliegenden betrachte, dürfte eine auf den ersten Augenschein freilich kleinlich aussehende Erwägung sein; sie betrifft die Verwendung des Epitethons „Engel". Es steht im „Clavigo" fünfmal: zweimal im Vergleich:

Clav. 414. „Ein Kammermädchen zu heurathen, weil sie schön ist wie ein Engel!"

und ferner:

384. „Willkommen! seyn Sie willkommen wie ein Engel, ..."

Sonst wird es nur gesagt als Bezeichnung für Marie. Clavigo ruft beim Scheiden:

409. „Tausend Küsse dem Engel!"

Dann sagt Buenko:

404. „Mein Herz wirft sich mir im Leib herum bey dem Gedanken: Er soll diesen Engel noch besitzen, ..."

Und endlich versichert Clavigo dem Carlos auf dessen Frage: „Kommst du in dem Humor von deiner Braut?"

410. „Es ist ein Engel!"

Im zärtlichen Kosen zweier liebender Seelen läfst sich nun ja auch der moderne Mensch solch ein „Engel" gerne gefallen, denn Liebende geniefsen das Vorrecht, ihre Empfindungen einige Oktaven höher stimmen zu dürfen, als die Alltagsempfindung gestattet. Zu den Zeiten freilich, da der junge Goethe den „Clavigo" werden liefs, dachte man anders und fühlte man anders. Sehen wir also, wie und wann sich der Dichter denn sonst des hyperbolischen Prädikats „Engel" einem weiblichen Wesen gegenüber bedient; das gefundene Resultat wird den Mafsstab für die Beurteilung seiner Verwendung im „Clavigo" geben.

Mehrfach kommt es in den Briefen an Auguste Gräfin zu Stolberg vor:

 Br. II 273. „Engel, und ich sizze wieder in Offenbach,"...
 Br. II 273. „Und doch Engel manchmal, wenn die Noth in meinem Herzen die grösst ist, ruf' ich aus ..."
 Br. II 270. „Gestern Abend Engel hatt' ich so viel Sehnen zu Ihren Füssen zu liegen, Ihre Hände zu halten ..."
 Br. II 274. „Engel es ist ein Schröcklicher Zustand die Sinnlosigkeit ..."

ferner III 101, Br. III 102.

Lotte ist ihm oft ein „Engel" in den Briefen:

 Br. II 47. „Stellt ihnen ein Wachsstöckgen dazu und küsst sie von mir. Und Lotten den Engel."
 Br. II 78. „Grüsst mir euern Engel und Lengen lieb."
 Br. II 83. „Euerm Engel tausend Grüsse."
 Br. II 86. „Wie stehts euerm Engel."
 Br. II 90. „Lebt wohl und liebt mich und schreibt mir wies euch geht unterwegs und euerm Engel."

„Werther" enthält nur wenige Beispiele:

 W 371. „Albert! Albert! mache den Engel glücklich."
 W 248. „Einen Engel! Pfuy! das sagt jeder von der seinigen!"
 W 268. „O der Engel!"

Einen „Engel" sieht Faust in seinem holden Gretchen:

 U 58. „Du kanntest mich o kleiner Engel wieder
   Gleich als ich in den Garten kam?

U 69. „Du Engel das hat keine Noth."
U 70. „Du Ungeheuer siehst nicht ein
Wie dieses Engels liebe Seele
Von ihrem Glauben voll ..."

Die folgenden Beispiele sind aus „Stella":

S 629. „... so lafs mich dich vergessen, in den Armen des Engels alles vergessen,"...

S 649. „Gestand ich dir nicht in den ersten Tagen meiner vollen Liebe zu dir, alle kleine Leidenschaften, die je mein Herz gerührt hatten? und ward ich dir darum nicht lieber? Fernando. Du Engel!"

S 662. „Ich fand sogar in den Armen des Engels, hier keine Ruhe, keine Freuden;"

S 671. Fernando. Und das Mädgen ist meine Tochter! Stella! (Er bemerkt erst, dafs sie in Ohnmacht gefallen ist.) Stella! (er bringt sie auf einen Siz) Stella! — Hülfe! Hülfe! Cezilie. Luzie kommen. Fernando. Seht! seht! den Engel! Er ist dahin!

S 681. „Sie würde nicht ruhig leben, nicht lieben können, der Engel! wenn sie fühlte dafs ihr Glük Raub wäre."

In „Claudine von Villa Bella" sind zwei Stellen:

K 607. „Und für mich warum nicht tausendmal, da dieser Engel dir vergiebt, den du geängstet?"

K 611. „Du hättest mir den Degen durch den Leib rennen können, ohne dafs ich mich unterstanden hätte, dem Engel ein Haar zu krümmen."

Von Lili heifst es in einem Briefe an Lavater:

Br. II 277. „Gestern waren wir ausgeritten. Lili, d'Orville und ich, Du solltest den Engel im Reitkleide zu Pferd sehn!"

und an Auguste Gräfin zu Stolberg:

Br. II 273. „Hier in dem Zimmer des Mädgens das mich unglücklich macht, ohne ihre Schuld, mit der Seele eines Engels, dessen heitre Tage ich trübe, ich!"

In den Briefen an Frau von Stein gebraucht der Dichter das Wort Engel als Anrede so häufig, dafs der blofse Hinweis auf einige Stellen genügt. Es findet sich z. B.

> Br. III 97, 98, 73, 83, 84, 85, 91, 94, 95, 24, 27, 33, 35, 40, 41, 44 u. s. w.

Auch dritten Personen gegenüber bezeichnet Goethe Frau von Stein als Engel, so:

> Br. III 65. „... nach Tisch ging ich zur Frau von Stein einem Engel von einem Weibe ..."
> Br. III 95. „Den Engel die Stein hab ich wieder. ..."

Von der Schröter sagt Goethe einmal:

> Br. III 45. „Die Schröter ist ein Engel"

und ferner:

> Br. III 46. „... dagegen preservirt mein äuseres und inneres der Engel die Schrötern von der mich Gott bewahre was zu sagen."

Was lehren nun diese Beispiele? Nach meinem Gefühl läfst sich der richtige Standpunkt am besten gewinnen, wenn wir uns bei einigen derselben die Umgebung ansehen, in der sie erscheinen. In der Beziehung ist höchst lehrreich der Brief an Auguste Gräfin Stolberg (Br. II 272 ff.). Ja, da ergiefst der Dichter die ganze stürmische, schwärmerische Verehrung für die Empfängerin in dieses „Engel", die ganze Diktion steht damit im Einklang. Gleich der Eingang des Schreibens ist bezeichnend genug: „Gustgen! Gustgen! Ein Wort, dass mir das Herz frey werde, nur einen Händedruck. Ich kann Ihnen nichts sagen. Hier! — Wie soll ich Ihnen nennen das hier! Vor dem Stroheingelegten bunten Schreibzeug — da sollten feine Brietgen ausgeschrieben werden und diese Trähnen und dieser Drang! Welche Verstimmung. O dass ich Alles sagen könnte ... O mein Herz — Soll ich's denn anzapfen, auch dir Gustgen, von dem Hefetrüben Wein schencken! — Und wie kann ich von Frizzen reden, vor dir, da ich in seinem Unglück, gar offt das meine beweint habe. Lass Gustgen. Ihm ist wohler wie mir —. Vergebens dass ich drey Monate in freyer Lufft herumfuhr, tausend neue Gegenstände in alle Sinnen sog. Engel, und ich sizze wieder in Offenbach, so vereinfacht wie ein Kind, so beschränckt als ein Papagey auf der Stange, Gustgen und Sie so weit. Ich habe mich so offt nach Norden gewandt. Nachts auf der Terrasse am Mayn, ich seh hinüber, und denck an dich! So weit! So weit! — Und dann du und Friz, und ich! und alles wirrt sich in einen Schlangenknoten! Und ich finde nicht Lufft zu schreiben. — Aber iezt will ich nicht aufhören biss iemand an die Thüre kommt und mich wegrufft. Und doch Engel manchmal wenn die Noth in meinem Herzen die grösst ist, ruf ich aus, ruf ich dir zu: Getrost! Getrost! ... Gieb uns eine Trähne, einen Händedruck, einen Augenblick an deinen Knieen. Wische mit deiner lieben Hand diese Stirn ab. Und ein Krafftwort, und wir sind auf unsern Füssen."

In diesem leidenschaftlichen Ausbruch einer übervollen Seele kann niemand den Verfasser des „Werther" verkennen! Ist ihm Gustchen des weiteren „ein goldenes Kind" — was Wunder, dafs sie ihm auch ein „Engel" ist!

Gerade so liegt es, wenn Goethe in seiner Lotte einen „Engel" sieht. Den ganzen Briefwechsel mit ihr und mit Kestner mufs man sich als Folie dazu vergegenwärtigen — da kommt einem das „Engel" nicht im geringsten übertrieben oder phrasenhaft vor. In Lotte verkörpert sich dem stürmenden Kraftgenie mit dem brennenden Feuerherzen alles Liebe und Gute, was edle Weiblichkeit dem fühlenden Manne sein kann, so nennt er sie seinen „Engel" halb irdisch halb himmlisch beglückend mit der süfsen Anmut ihrer Erscheinung und der keuschen Reinheit des besten Herzens. Natürlich ist von „Werther" ein gleiches zu sagen. Ebenso wenig ist es zu verwundern, wenn der liebende Goethe seine Lili einem „Engel" vergleicht; das strömt aus demselben Herzen, aus dem die wundervollen Weisen tönen, die dieser Liebe ihren Ursprung verdanken, da der Dichter sang:

„Reizender ist mir des Frühlings Blüte
Nun nicht auf der Flur;
Wo du Engel bist, ist Lieb' und Güte,
Wo du bist, Natur."

Von Fausts Gretchen und Charlotte von Stein gilt das Gleiche. Ein wenig anders aber stelle ich mich zu den Beispielen aus

„Stella". Ja, wäre es nicht ein Fernando, der sein Mädchen einen „Engel" nennt! Wie aber das ganze Auftreten dieses in sich morschen und unsittlichen Charakters die berechtigsten Zweifel an der Wahrheit seiner Gefühle erweckt, so habe ich ihn auch im Verdacht, sein „Engel" mehr stereotypisch zu sagen, als ein Ausstattungsstück, das sich im Vorrat seiner gekünstelten Gefühlsäufserungen vorfindet, als dafs auch nur entfernt so viel darin läge, wie etwa in den oben besprochenen Fällen. Verdächtig ist schon das doppelte Vorkommen in der gleichen Verbindung: „Ich fand sogar in den Armen des Engels hier . . ." und „so lafs mich dich vergessen in den Armen des Engels . . ."

Auch der sonst so kräftig gezeichnete Crugantino in K mag sich wohl nicht allzu viel dabei denken, wenn er versichert, „er hätte sich eher den Degen durch den Leib rennen lassen, als dem ‚Engel' der Claudine ein Haar zu krümmen". Ihm sind eben alle schönen Kinder Engel, wenn sie jung sind und sich lieben lassen.

Und nun Clavigo!

„Tausend Küsse dem Engel."

Ob die „Küsse" und der „Engel" wohl aufrichtig gemeint sind? Kaum! Denn es war Clavigo beim Anblick der Marie gar nicht zu Mute, als ob er einen „Engel" sähe, es sei denn, dafs er das „Engelhafte" in dem Leiden und Dulden erkenne, zu dem sie seine Treulosigkeit verdammt hat. Das „Engel" ist hier eine Phrase und pafst somit durchaus zu dem sonstigen Kolorit der Scene. Jedenfalls legt der junge Goethe selber, wo ihm das „Engel" aus der Feder fliefst, etwas ganz anderes hinein, als Clavigo: der kommt mit sich zerfallen zurück von der Versöhnung, sein „Guten Tag" klingt „schwermütig und geprefst" — und doch ist Marie ein „Engel"; doch gewifs keiner wie Gustchen oder Lotte dem jungen Goethe, wie Gretchen dem Faust? Viel aufrichtiger tönt es aus Buenkos Munde, des „melancholischen Unglücksvogels", der die Marie selber liebt. Jedenfalls ist so viel einzusehen: in dem „Tausend Küsse dem Engel" liegt etwas Phrasenhaftes. Auch darin äufsert sich wohl ein Niederschlag der überschwenglichen Werthermanier, derart, dafs die Form der Gedankeneinkleidung zum Typus erstarrt ist, der lebendige Inhalt aber — das ist der übermächtige Gefühlsdrang — fehlt, eine Beobachtung, die man noch in viel ausgiebigerer Weise an „Stella" machen kann.

Der fünfte Akt ist in gewissen Particcen ein Lichtpunkt, soweit die sprachliche Seite in Frage kommt, die ich unter Stil der Empfindsamkeit verstehe. Denn hier wecken wirklich manche Wendungen durch ihren sprachlichen Wohllaut die lebhafteste Erinnerung an jene melodische, klangvolle Schreibart, durch die „Werther" bezaubert:

> Clav. Akt V, pag. 431. „Ich bebe, mein Herz zerfliefst in Schauer! Nein! Nein! Du sollst nicht sterben. Ich komme! Ich komme! - Verschwindet, Geister der Nacht, die ihr euch mit ängstlichen Schrecknissen mir in den Weg stellt — ... Sie ist todt — Es ergreift mich mit allem Schauer der Nacht das Gefühl, sie ist todt! Da liegt sie, die Blume, zu deinen Füssen und du — Erbarme dich meiner, Gott im Himmel, ich habe sie nicht getödtet!"

Darüber liegt so eine eigene schwermütige, dämmerige Stimmung, als ob etwa Ossian die Seiten rührt:

> Mis. I 291. „Wer kommt zu Kathmor durch die Nacht?
> In dunkler Zeit der Träume zu ihm?
> Ein Bote vom Krieg im schimmernden Stal?
> Wer bist du, Sohn der Nacht?
> Stehst du vor mir, ein erscheinender König? —
> Rufen der Todten, der Helden der Vorzeit?
> Stimme der Wolke des Schauers?
> Die warnend tönt vor Erins Fall.

oder:

> Mis I 279. „Oh! von dem Felsen des Hügels; von dem Gipfel des windigen Berges, redet ihr Geister der Todten! Redet, ich will nicht erschröcken. - Wohin seid ihr zu ruhen gegangen? In welcher Höhle des Hügels kann ich euch finden? Keine schwache Stimme vernehm' ich im Wind, keine halbverwehte Antwort in den Stürmen des Hügels."

II. Kapitel.

Die einfache Nebeneinanderstellung genügt, um die Gleichartigkeit oder Ähnlichkeit der Diktion zu beweisen:

„Verbergt euch, Sterne", fährt Clavigo fort, „schaut nicht hernieder, ihr, die ihr so oft den Missethäter saht in dem Gefühle des innigsten Glücks diese Schwelle verlassen: durch eben diese Strafse mit Saitenspiel und Gesang in goldenen Phantasieen hinschweben, und sein am heimlichen Gegitter lauschendes Mädchen mit wonnevollen Erwartungen entzünden. Und du füllst nun das Haus mit Wehklagen und Jammer! und diesen Schauplatz deines Glückes mit Grabegesang!"

Unschwer lassen sich Stellen im „Werther" zum Vergleich heranziehen, so etwa die folgende:

W 331. „Genug dafs in mir die Quelle alles Elendes verborgen ist, wie es ehemals die Quelle aller Seligkeiten war. Bin ich nicht noch eben derselbe, der ehemals in aller Fülle der Empfindung herumschwebte, dem auf jedem Tritte ein Paradies folgte, der ein Herz hatte, eine ganze Welt liebevoll zu umfassen. Und das Herz ist jetzo todt, aus ihm fliefsen keine Entzückungen mehr, . . ."

Die bis so weit geführten Darlegungen dieses Kapitels, scheint mir, lassen erkennen, dafs der Stil der Empfindsamkeit der Sprache des „Clavigo", wo er deutlich nachzuweisen ist, eine rethorische Färbung giebt, die sie keineswegs verschönt, dafs mithin seine Einwirkung eine ähnliche ist, wie die der französischen Quelle, nicht ohne Unterschied allerdings: Der Wertherstil fördert den Schwulst, das Verschwommene, das Süfsliche des Redens; das Französierende dagegen glaube ich mehr in einer gewissen Geschraubtheit und Steifheit in der Behandlung des Wortes zu erkennen.

III. Kapitel.
Sturm und Drang in der Sprache des „Clavigo".

Die eigentliche Periode seines individuellen „Sturmes und Dranges" hatte der Dichter bereits zo ziemlich hinter sich, als er den „Clavigo" schrieb; jedenfalls hatte er in der Form die Manier der Revolutionspoesie schon so gut wie überwunden; dem Empfinden nach allerdings birgt der „Werther" z. B. noch genug von diesem elementaren Sehnen nach Befreiung von allem Zwange, allen Schranken, die Menschengesetz und Menschenweise dem Individuum ein für allemal gezogen haben.

Das gährt und braust und sprudelt:

W 238. „Ich will nicht mehr geleitet, ermuntert, angefeuret seyn, braust dies Herz doch genug aus sich selbst, ich brauche Wiegengesang, und den hab ich in seiner Fülle gefunden in meinem Homer. Wie oft lull ich mein empörendes Blut zur Ruhe, denn so ungleich, so unstet hast Du nichts gesehn als dieses Herz."

W 284. „Ach ihr vernünftigen Leute! rief ich lächelnd aus. Leidenschaft! Trunkenheit! Wahnsinn! Ihr steht so gelassen, so ohne Theilnehmung da, ihr sittlichen Menschen, scheltet den Trinker, verabscheuet den Unsinnigen, geht vorbey wie der Priester, und dankt Gott wie der Pharisäer, daſs er euch nicht gemacht hat wie einen von diesen. Ich bin mehr als einmal trunken gewesen, und meine Leidenschaften waren nie weit vom Wahnsinne, und beydes reut mich nicht, denn ich habe in meinem Maasse begreifen lernen: Wie man

alle ausserordentliche Menschen, die etwas grosses, etwas
unmöglich scheinendes würkten, von jeher für Trunkene und
Wahnsinnige ausschreien müfste."

W 276. „Alles in der Welt läuft doch auf eine Lumperey
hinaus", heifst es an einer anderen Stelle, „und ein
Kerl, der um anderer willen, ohne dafs es seine eigene Leidenschaft ist, sich um Geld oder Ehre, oder sonst was,
abarbeitet, ist immer ein Thor."

Das ist ganz revolutionär gedacht, empfunden aus dem Be-
dürfnis rückhaltloser Freiheit im persönlichen Wollen, Fühlen und
Handeln. Aber die ganze Art, wie diese inneren Regungen sprach-
lich verkörpert werden, ist doch eine weit andere als etwa im
„Goetz". Und alles Geschmacklose ist strengstens vermieden,
vermieden auch vorzüglich jene brutale Roheit in Form und
Gedanken, der Stürmer und Dränger par excellence, die alles edle
Mafs verachtend, die grausigsten Vorstellungen in die krasseste
Form bringt und so Effekte erzielt, die zu künstlerischer Wir-
kung nicht mehr durchzudringen vermögen.

Es ist nun höchst belehrend, zu beobachten, wie im „Clavigo"
die Manier des „Sturm und Drang" einige Früchte getragen hat,
die an Herbheit und widerlichem Geschmack — um im Bilde zu
bleiben — dem übelsten Giftgewächs gleich kommen. Eine Stelle
wie die nachfolgende giebt nur eine ganz schwache Einleitung in
den Ton, in dem Beaumarchais weiterhin rast wie ein Tollhäusler:

Clav. 425. „Hör mich, Gott, der du gerecht bist, höret
mich, alle seine Heiligen! Du sollst gerochen werden, wenn
er — die Sinne vergehn mir über dem Gedanken — wenn
er rückfiele, wenn er doppelten gräfslichen Meineids sich
schuldig machte, unsers Elends spottete — Nein, es ist, es
ist nicht möglich, nicht möglich — du sollst gerochen
werden."

Wie gesagt: nur eine schwache Einleitung! Nun kommt es
besser:

Clav. 428. „Ach! Keinen Degen, Kein Gewehr! mit diesen
Händen will ich ihn erwürgen, dafs mein die Wonne sey!
Ganz mein eigen das Gefühl: ich hab ihn vernichtet."

Aber das ist auch noch nichts gegen das folgende:

Clav. 427. „Ja sie sollens! sie sollens! Sollen mich in's Gefängnis schleppen. Aber von seinem Leichname weg, von der Stätte weg, wo ich mich in seinem Blute werde geletzt haben. Ach! Der grimmige, entsetzliche Durst nach seinem Blute füllt mich ganz. Dank sey dir, Gott im Himmel, dafs du dem Menschen mitten im glühenden unerträglichsten Leiden ein Labsal sendest, eine Erquickung. Wie ich die dürstende Rache in meinem Busen fühle! wie aus der Vernichtung meiner selbst, aus der stumpfen Unentschlossenheit mich das herrliche Gefühl, die Begier nach seinem Blute herausreifst, mich über mich selbst reifst. Rache! Wie mir's wohl ist, wie alles an mir nach ihm hinstrebt, ihn zu fassen, ihn zu vernichten."

Man sollte glauben, eine Steigerung der Manier sei unmöglich — weit gefehlt!

Clav. 428. „Ich hab dich nicht retten können, so sollst du gerochen werden. Ich schnaube nach seiner Spur, meine Zähne gelüstet's nach seinem Fleische, meinen Gaumen nach seinem Blute. Bin ich ein rasendes Tier geworden! Mir glüht in jeder Ader, mir zuckt in jeder Nerve die Begier nach ihm, nach ihm! Ich würde den ewig hassen, der mir ihn jezt mit Gift vergäbe, der mir ihn meuchelmörderisch aus dem Wege räumte."

Derartig geschmacklos-brutale Auslassungen erregen natürlich weder Teilnahme noch Schrecken. Vielmehr entspricht ihre Wirkung ganz dem Gebotenen: Anstatt an den wütenden, verzweifelnden Beaumarchais zu denken, findet man nur ein Lachen für diese wunderliche Verirrung des Geschmacks, diese wüsten Ergüsse einer mehr als verschrobenen Phantasie, die endlich gipfelt in dem non plus ultra:

Clav. 428. „Nein, hab ich ihn, ich mufs ihn haben! O hätt ich ihn drüben über dem Meere! Fangen wollt' ich ihn lebendig, und an einen Pfahl gebunden stückweise seine Glieder ablösen, vor seinem Angesichte braten und mir's schmecken lassen, und euch auftischen, Weiber."

III. Kapitel.

Die Zügellosigkeit der Sturm- und Drangmanier im „Clavigo" überrascht deshalb so aufserordentlich, weil sie in einer ganz fremdartigen Umgebung erscheint; denn ein so mafsloser, tierischer Wutausbruch ist weder von dem Parisien Beaumarchais noch in dem soliden kleinbürgerlichen Kreise zu erwarten, in dem sich alles abspielt. Ja, wie ganz anders nimmt sich Entsprechendes im „Goetz" aus! wenn z. B. Metzler seinem grimmigen Rachedurste Worte verleiht:

> B 165. „Seht wie die Gebirge von der widerscheinenden Gluth ihrer Schlösser in glühendes Blut getaucht da herum liegen! Sonne komm, Sonne komm! Wenn dein erster gebrochener Strahl rot dämmert und sich mit dem fürcherlichen Schein der Flamme vereinigt, dann wollen wir sie hinausführen, mit blutrothen Gesichtern wollen wir dastehn, und unsere Spiefse sollen aus hundert Wunden ihr Blut zapfen. Nicht ihr Blut! Unser Blut! Sie geben's uns wieder wie Blutigel. Ha! Keiner ziele nach dem Herzen (**wie Beaumarchais den ewig hassen will, der seinen Feind vergiften würde**). Sie sollen verbluten. Wenn ich sie ein Jahrhundert bluten sähe, meine Rache würde nicht gesättigt... Aber du sollst Tropfen der Linderung haben, alle seine Blutstropfen. Ich will meine Hände darein tauchen und wenn die Sonne heraufgeht, soll sie zugleich sehen mich mit seinem Blut und die Felsen durch die Flammen seiner Besitzthümer gefärbt."

Das ist schauerlich — aber es packt! Man lacht nicht, kann nicht lachen, denn jeder fühlt es: So konnte, so mufste der bis aufs Blut gepeinigte, furchtbar gereizte Bauer Rache üben und in Rachegefühlen schwelgen. Und wenn auch Sprache und Inhalt die Grenze des schönen Mafses nicht inne halten — die Wirkung ist eine grandiose, es legt sich ein starres Entsetzen auf die Seele, vor der sich die blutgefärbten Bilder verkörpern, an denen sich der hafserfüllte Geist des unbarmherzigen Bauernführers mit wollüstiger Befriedigung ergötzt:

> B 168. „Auf! Ihre Seelen sollen mit dem Morgennebel steigen. Und dann stürm, stürm, Winterwind! und zerreifs sie, und heul sie tausend Jahre um den Erdkreis herum, und noch

tausend, bis die Welt in Flammen aufgeht, und dann mitten, mitten mit ihnen in's Feuer!"

Und nun Beaumarchais!

„Wie aus der Vernichtung meiner selbst, aus der stumpfen Unentschlossenheit mich das herrliche Gefühl, die Begier nach seinem Blute herausreifst, mich über mich selbst reifst! Rache! Wie mir's wohl ist, wie alles an mir nach ihm hinstrebt, ihn zu fassen, ihn zu vernichten!" Da fehlt alle sprachliche Anschaulichkeit und Bestimmtheit. „Das Gefühl reifst mich über mich selbst" ist eine Tirade, ein sprachlicher Burzelbaum! Man höre dagegen Metzler: „Halt es aus, o mein Gehirn! diese wüthende Freude, bis ich sein Blut habe fliefsen sehen. Dann reifs! An der Erde seine geliebte Frau — Weh! Bruder! das ist tausend Seelenmessen werth." Gewifs ist das furchtbar — furchtbar gedacht und furchtbar gesagt, aber es ist in sich wahr, ist gefühlt und wird entsprechend ausgeführt werden, während Beaumarchais doch kaum auch nur einen Augenblick Neigung verspürt, die Schärfe seiner Zähne an dem Fleische seines Gegners zu erproben, und ebenso wenig Appetit hat, seinen Gaumen mit dessen Blut zu letzen. Einen ganz unerhörten Bombast und Wust legt der Dichter dem Manne in den Mund. „Ich schnaube nach seiner Spur!" Nichts kann häfslicher sein! „Bin ich ein rasendes Tier geworden!" Er merkt also selber die Abnormität seines Auftretens heraus! Er ist in der That „ein rasendes Tier"!

Metzler ist ja nur ein Schwächling gegen diesen Rodomont und Eisenfresser, bei dem sogar die Schauergestalten Grabbes noch in die Schule gehen können oder in dem sie doch mindestens einen würdigen Kumpan finden dürften: denn einen Feind an einen Pfahl gebunden, lebendig zu rösten und sich die stückweis abgelösten Glieder gemeinsam mit seinen Weibern schmecken zu lassen! mehr leisten die Ausgeburten von Scheufslichkeit im „Herzog von Gothland" auch nicht! Dafs Goethe diese ärgsten Ausschreitungen später getilgt oder gemildert hat, ändert für die Beurteilung nichts: Wir haben uns mit dem „Clavigo" zu beschäftigen wie er in seiner ersten Gestalt aus dem Schaffen des Dichters hervorging. Und als unleugbare Thatsache ergiebt sich dann:

In den Partieen, wo ganz augenscheinlich die Manier des „Sturm und Drang" hervortritt, hat sie der Sprache den Stempel unerhörter Schwülstigkeit und Phrasenhaftigkeit aufgedrückt, jede Ursprünglichkeit, Schärfe und Plastik der Darstellung in der Wurzel erstickend und überwuchernd mit dem häfslichen und oft absurden Beiwerk einer in sich faulen und banalen Rhetorik. Ich habe absichtlich nur diejenigen Stellen der Kritik unterzogen, die auf den ersten Blick ihre Herkunft verraten. Gelegenheit zu weiteren Sondierungen nach der Richtung hin wird sich später noch bieten.

Ich habe versucht, in diesen drei Kapiteln die Sprache des „Clavigo" nach bestimmten stilistischen Erscheinungsformen zu charakterisieren. Ich gebe gerne zu, dafs im einzelnen hier und da ein Widerspruch möglich ist, denn beweisen wie $2 \times 2 = 4$ lassen sich sprachliche Empfindungen nicht, und was ich etwa an dieser oder jener Stelle schwülstig finde oder inhaltlos oder gespreizt, läfst ein anderer vielleicht ruhig durchgehen. Darauf kommt es auch weniger an; es genügt für meine Zwecke durchaus, wenn sich das Resultat meiner Betrachtungen im ganzen als wahr erweist. Um noch weitere Anhaltepunkte für die Einsicht in die Eigenart des Clavigostils festzustellen, habe ich meine Aufmerksamkeit auf einen Umstand gerichtet, durch den ich weitere Aufschlüsse zu bekommen hoffen durfte. Es fiel mir nämlich auf, dafs gewisse rhetorische Kunstmittel, die, so zu sagen, die Ornamente der Sprache ausmachen, gerade im „Clavigo" ganz unverhältnismäfsig reichlich verwendet sind. Ehe ich mir indessen darüber ein Urteil erlauben konnte, mufste ich den gesamten „jungen Goethe" auf die Anwendung der bezüglichen Erscheinungen prüfen, um geradezu ein statistisches Material zu gewinnen. Das ist geschehen, und ich darf somit auf ein festes Ergebnis rechnen.

Es sind die rhetorischen Kunstmittel des **Polysyndeton**, **Asyndeton**, der **Anaphora** und **Geminatio**, denen die folgenden Kapitel gelten. In den vorhergehenden Kapiteln hatte ich so abgegrenzt, dafs ich sagte: ich betrachte den Stil des „Clavigo" nach dem Einflufs der **französischen Quelle**, der **Empfindsamkeit** und des **Sturm und Drang**. Das Gesamtresultat war: starke rhetorische Färbung der Sprache nach verschiedenen Schattierungen und Abtönungen. Nunmehr werde ich diese drei Gebiete fortwährend durchkreuzen, denn die eben genannten Sprachornamente sind ja nichts weiter als ein Teil der Hilfsmittel, mittels deren die sprachliche Form hervorgebracht wird, mag diese Form selber durch diese oder jene Eingebung gestaltet werden.

IV. Kapitel.
Das Polysyndeton.

Ich beginne mit dem Polysyndeton, weil es eine besondere Stellung einnimmt in dieser Erörterung. Denn die Bemerkung, die abzuhandelnden Erscheinungen seien im „Clavigo" auffällig häufig, bezieht sich nicht mit auf das Polysyndeton. Es lag indessen zu nahe, sich auch mit letzterem zu beschäftigen, da das Asyndeton eine eingehende Betrachtung notwendig macht — sei es auch um des Vergleiches willen. Nochmals sei bemerkt, dafs die ganze Behandlung der Frage von selbst darauf führt, über den „Clavigo" hinaus das Resultat für den ganzen jungen Goethe festzustellen, denn ohne das wäre keine sichere Entscheidung zu fällen.

Der junge Goethe bedient sich des Polysyndetons überhaupt bei weitem nicht so oft wie der anderen drei Kunstmittel, die uns noch beschäftigen werden. Ich fand es:

in B	8 mal
in W	32 mal
in E	9 mal
in S	6 mal
in K	7 mal
in Mis*)	48 mal
in Clav.	7 mal
in U	10 mal
Summa	127 mal.

*) In dieser statistischen Übersicht sind die im übrigen mit Br. besonders bezeichneten Briefe in Mis mit einbegriffen.

Hinsichtlich dieser und aller folgenden rein statistischen Angaben ist zu bemerken: Die Natur der Sache bringt es mit sich, dafs absolute Genauigkeit nicht zu erreichen ist. Darauf kommt es aber auch nicht an; gewissenhafte Sichtung und Behandlung des Materials wird trotzdem für den vorliegenden Zweck ausreichende Ergebnisse ermöglichen. Und angenommen, in W wäre statt 30 etwa 32, in S statt 6 7 zu setzen — das Gesamtbild würde sich gewifs nicht wesentlich anders gestalten, und das Verhältnis der Zahlen zu einander kann durch kleinere Versehen sicherlich nicht derart verschoben werden, dafs die gezogenen Schlüsse unrichtig werden.

Mustert man nun die Zahlenreihe, so fällt es sofort in die Augen, wie nahe sich die Zahlen kommen in B, U, E, S, K und Clav., wobei allerdings nicht unbeachtet gelassen werden darf, dafs der äufsere Umfang der Stücke ein verschiedener ist; denn wenn in E, das nur 30 Druckseiten bei Bernays umfafst, das Polysyndeton 9 mal, in der doppelt so langen S 6 mal vorkommt, so ist das nicht gleichgültig. Trotzdem aber gestattet obige Zahlenzusammenstellung den Schlufs: Die Erscheinung findet sich über die genannten Werke annähernd gleichmäfsig verteilt und ist nicht eben häufig.

Ihr im Vergleich zu den übrigen Werken im „Werther" so viel häufigeres Vorkommen ist eine Besonderheit des Wertherstils, die aufs engste mit seiner Eigenart zusammenhängt. Das Polysyndeton macht anschaulich, es reckt, möchte ich sagen, den Ausdruck, es dehnt ihn und giebt der Sprache ein Gepräge innerer Beschaulichkeit und reichlicher Sattheit. Darum ist es Werther willkommen, mit seiner Hilfe die Natur in ihrem zusammenhängenden Gefüge zu schildern, wie sie den schwärmerischen Jüngling ergreift mit der lebensvollen Fülle ihrer Erscheinungen:

> W 236. „Wenn das liebe Thal um mich dampft und die hohe Sonne an der Oberfläche der undurchdringlichen Finsternifs meines Waldes ruht, und nur einzelne Strahlen sich in das innere Heiligtum stehlen, und ich dann im hohen Grase am fallenden Bache liege, und näher an der Erde tausend mannigfaltige Gräsgen mir merkwürdig werden."

IV. Kapitel.

W 342. „Vom Fels herunter die wühlenden Fluthen in dem Mondlichte wirbeln zu sehn, über Aecker und Wiesen und Hecken und alles, und das weite Thal hinauf und hinab eine stürmende See im Sausen des Windes. Und wenn denn der Mond wieder hervortrat und über der schwarzen Wolke ruhte, und vor mir hinaus die Fluth in fürchterlich herrlichen Wiederschein rollte und klang, da überfiel mich ein Schauer, und wieder ein Sehnen!"

W 258. „Wir traten an's Fenster, es donnerte abseitwärts und der herrliche Regen säuselte auf das Land, und der erquickendste Wohlgeruch stieg in aller Fülle einer warmen Luft zu uns auf."

Man fühlt sehr wohl, dafs das Polysyndeton in diesen Wunderwerken von sprachlichem Schmelz und sprachlicher Lieblichkeit eine bedeutsame Rolle spielt.

Wie anschaulich macht es uns das reiche Blumenfeld des armen Irrsinnigen, wo Blüte an Blüte sich reiht:

W 336. „Da haufsen sind auch immer Blumen, gelbe und blaue und rothe, und das Tausend Güldenkraut hat ein schön Blümgen."

Ganz entsprechend ist ein Passus aus „Satyros":
Mis III 470.

„Vögel und Frösch' und Tier' und Mücken
Begehn sich zu allen Augenblicken,
Hinten und vorn, auf Bauch und Rücken,
Dafs man auf jeder Blüt' und Blatt
Ein Eh- und Wochenbettlein hat."

Ganz nach der Art Werthers spricht Pedro in K:

K 552. „Ach, diesen Morgen, als ich die Blümgen brach am Bach herauf, der hinter den Wald herfliefst, und die Morgennebel um mich dufteten, und die Spitze des Bergs drüben mir den Aufgang der Sonne verkündigte, und ich ihr entgegenrief ..."

So schreibt auch Goethe selber an Kestner:

Br. II 48. „Nun muss ich dir sagen das ist immer eine Sympatie für meine Seele wenn die Sonne lang hinunter

ist und die Nacht vom Morgen herauf nach Nord und Süd
um sich gegriffen hat, und nur noch ein dämmernder Kreis
von abend heraufleuchtet."

und an Boie, freilich nicht mehr im Stile des Erhabenen:

Br. II 141. „Heute war Eis Hochzeitstag! Es musste gehn,
es krachte, und bog sich, und quoll, und finaliter brachs,
und der Hr. Ritter pattelte sich heraus wie eine Sau."

Nicht nur das geruhige Anschauen der Natur, das geniefsende
Betrachten des, was man sieht im Tier- und Pflanzenreich, in
Berg und Thal, auf weiter Flur und droben am Himmel auch
ihr innerstes Wirken entrollt sich dem Auge des Dichters so
zusammenhängend und unwiderruflich notwendig in allen Teilen
verknüpft, und im Polysyndeton versinnlicht er das Geschaute:

W 268. „Und wenn die letzte bangste Krankheit dann über
das Geschöpf herfällt, das du in blühenden Tagen unter-
graben hast, und sie nun daliegt in dem erbärmlichen Er-
matten, und das Auge gefühllos gen Himmel sieht, und der
Todesschweifs auf ihrer Stirne abwechselt und du vor dem
Bette stehst wie ein Verdammter". . . .

Ein herrliches Gegenstück dazu bietet eine Stelle aus „Prometheus":

Mis III 464.

„Wenn aus dem innerst tiefsten Grunde
Du ganz erschüttert alles fühlst
Was Freud und Schmerzen jemals dir ergossen,
Im Sturm dein Herz erschwillt,
In Thränen sich erleichtern will,
Und seine Gluth vermehrt,
Und alles klingt an dir und bebt und zittert,
Und all die Sinne dir vergehn,
Und du dir zu vergehen scheinst
Und sinkst,
Und alles um dich her versinkt in Nacht
Und du, in immer eigenstem Gefühl,
Umfassest eine Welt:
Dann stirbt ein Mensch."

Daran reiht sich die folgende Stelle aus W:

W 366. „Ich gehe voran! Geh zu meinem Vater, zu deinem Vater, dem will ich's klagen und er wird mich trösten bis du kommst, und ich fliege dir entgegen und fasse dich und bleibe bey dir vor dem Angesichte des Unendlichen in ewigen Umarmungen."

Ich meine, diese Beispiele erläutern das Wesen des Polysyndetons hinsichtlich eines häufigen Vorkommens im W und erklären dieses.

Ich wende mich nun zu den einzelnen Kategorieen, nach denen das Polysyndeton einzuteilen ist in seinen verschiedenen Formen.

a. Die einfachste Form des Polysyndeton.

1. In Substantiven.

I 272. . . . .
. . . „der Flufs und Au
Und Berg in kaltes Grau
Versteckt" . . .

Br. II 250. . . . „und bleibe bis an mein Ende wenn sie Gattin und Hausfrau und Mutter bleibt".

Br. III 19. „So gehts denn liebe Frau durch Frost und Schnee und Nacht."

Br. II 181. „Nur in solchen Augenblicken fühlt der Mensch, wie wenig er ist, und mit heifsen Armen und Schweifs und Thränen nichts würkt."

B 358. „Das Rasen und Brennen und Morden mufste doch einmal aufhören, . . ."

2. In Adjektiven und Partizipien.

Br. II 78. . . . „und mache Sie gros und starck und so glücklich als Sie brav sind."

Br. II 290. „Bey Gott was hier vorgeht ist unaussprechlich fein und schnell und nur dir vernehmbar . . ."

Br. III 1. „Lieb Täntgen! Wie eine Schlittenfahrt geht mein Leben, rasch weg und klingelnd und promenierend auf und ab."

3. In Fürwörtern.

Mis III 154.
„Und mit der Hand ein künftig Glücke
Für Ihn und Dich und uns zugleich; ..."

4. In Fürwörtern und Substantiven gemischt

Br. II 43. „Gott segne euch, und alle Liebe und allen guten Willen auf Erden."

E 547. „Nur vergefst nicht ganz, was ihr euch und eurer Familie und der Welt schuldig seyd."

5. Im Adverb.

U 1. „Und ziehe schon an die zehen Jahr
Herauf herab und queer und krum
Meine Schüler an der Nas herum ..."

E 526. ... „sieh mich starr an, und gut, und fest!"

6. In ganzen Sätzen.

Clav. 411. „Wie die Sache nun steht, und liegt, und sich verhält."

W 311. ... „die ihr mich spornet und triebt und quältet" ...

W 300. „Sie hörte jemand gehn, und fragte, und forderte dich zu ihr."

E 528. „Ach! wie so geschwinde
Dämmert und blicket
Und schwindet die Lust!"

Mis III 196.
„Und fliegt einmal und kriegt einmal
Und endlich läfst man euch im Saal."

W 362. ... „er warf das Papier hin, und fafste ihre Hand und weinte die bittersten Thränen."

Mis III 151.
„Er sah ihn sinken und trinken
Und stürzen tief ins Meer"*).

---

*) Hier sind Infinitive polysyndetisch verknüpft; ich konnte das Beispiel nicht anderswo unterbringen.

Clav. 415. „Und nun erscheint der Herr — und allen Leuten versagt das Wort im Munde   kommt angezogen"...

W 262. ..„Der Doktor, der eine sehr dogmatische Dratpuppe ist, und im Diskurs seine Manschetten in Falten legt, und den Kräusel bis zum Nabel herauszupft",...

W 308. „Ich stehe wie vor einem Raritätenkasten, und sehe die Männgen und Gäulgen vor mir herumrücken, und frage mich oft, ob's nicht optischer Betrug ist."

W 316. „Ich habe meine Dimifsion bey Hofe verlangt, und werde sie, hoff ich erhalten, und ihr werdet mir verzeihen, dafs ich nicht erst Permifsion dazu bey euch geholt habe."

W 284. „Ich bin mehr als einmal trunken gewesen, und meine Leidenschaften waren nie weit vom Wahnsinne, und beydes reut mich nicht",...

B 286. „Wie er nun in sein Herz gieng, und das zu entwickeln suchte, und viel zu sehr mit sich beschäftigt war um auf sich Acht zu geben"...

B 159. „Wir wohnen an der Erd und schlafen auf der Erd, und verlangen nichts von euern Fürsten, als den dürren Boden auf eine Nacht, darauf wir geboren sind, nicht sie."

W 328. „O Freund! ich möchte gleich einem edlen Waffenträger das Schwerd ziehen und meinen Fürsten von der zückenden Quaal des langsam absterbenden Lebens auf einmal befreyen, und dem befreyten Halbgott meine Seele nachsenden."

K 594. „Was sollte man von dem Kerl sagen, der in ein Gedränge käm mit seinem Freund; und sich durchschlüg und seinen Freund im Stich liefs?"

b. Die dreifache „Und-Verknüpfung".

1. In Substantiven.

W 330. „Ach die Liebe und Freude und Wärme und Wonne, die ich nicht hinzu bringe, wird mir der andre nicht geben"...

Mis III 453.
"Den Göttern fiel zum Loose Dauer
Und Macht und Weisheit und Liebe."

U 50. „Ihm fehlte nichts als allzu gern zu wandern,
Und fremde Weiber und der Wein,
Und das verfluchte Würfel Spiel."

Br. II 61.
„Ein grofses weites Haus, das Dach in vollen Flammen.
Und das glühende Balkenwerck, Und die fliegenden
Funcken und den Sturm in Glut und Wolken."

2. In ganzen Sätzen*).

Clav. 416. „wenn mich nun die Leute zu packen kriegen, und
fragen und quästionieren, und nicht begreifen können "

Clav. 379. „Grimaldi und er sind Freunde, und wir können
schwatzen und uns bücken   Carlos. Und denken und
thun was wir wollen"**).

K 582. „Das arme Maidel das erfuhr,
Vergingen ihr die Sinnen.
Sie lacht und weint, und bet und schwur:"

Br. II 16. „... den austretenden herbei, den aufbäumenden
hinabpeitschest, und jagst und lenkst, und wendest"...

Mis III 500. „Und sie wuchs, und wuchs über ihre Häupter
und schaute weit ins Tahl umher."

W 244. „So vertraulich, so heimlich hab ich nicht leicht
ein Plätzchen gefunden, und dahin lafs ich mein Tischchen
aus dem Wirthshause bringen und meinen Stuhl, und trinke
meinen Caffee da, und lese meinen Homer."

Br. II 168. „Und so grüsse und Küsse Papa Kestnern, und er
soll mir hübsch schreiben, und du sollst mir auch hübsch
schreiben, wenns Mamagen nicht beschweerlich fällt."

Br. II 74. „Wie ich ans Fenster sprang und die Vöglein

---
*) Adjektive und Pronomina fehlen.
**) Infinitive im Polysyndeton.

IV. Kapitel.

hörte und den Mandelbaum blühen sah und die Hecken alle grün unter dem herrlichen Himmel"...

U 21. „Fiel an den Heerd und zuckt und lag
Und thät erbärmlich schnauffen."

U 73. „Und seegnet mich und that so gros
Und bin nun selbst der Sünde blos."

U 78. „Hört all dem Schwadroniren zu.
Und striche lachend meinen Bart
Und kriege das volle Glas zur Hand
Und sage:"

B 187. „Dann wird er still und matt, und blickt nur mit Thränen in den Augen und seufzt und nennt eure Gemahlin."

Br. II 122. „Schon eine Stunde steh ich da und bespiegle mich in Ihrem Brief, und binn an Ihrem Bette, und aber gute Nacht beste Frau."

c. Das vier- und mehrfache Polysyndeton.

1. In Substantiven.

B 157. „Ich kannt sie all, ich kannt sie wohl:
's war Anne mit Ursel und Käth,
Und Reupel und Bärbel und Lies und Greth,
Sie heulten im Kreise mich an."

Mis III 503. „Ein Waldstrom stürzte die Tannen drunter und drüber in Thal herab und Sträucher und Sprösling und Gräser und Eichen."

Br. II 10.
„Und allen Perrückenrs und Fratzen
Und allen Literarschen Katzen
Und Räthen, Schreibern, Maidels, Kindern
Und wissenschaftlich schönen Sündern
Sey Trotz und Hohn gesprochen hier
Und Hafs und Ärger für und für."

2. In Sätzen*).

E 515. „Und sank und starb und freut sich noch,
Und sterb' ich denn, so sterb' ich doch"...

Mis III 189.
„Und kau' und wein' und wälze halb mich todt,
Und ach! es hören meine Noth
Nur porzellanene Oreaden."

Br. II 274. „Diese Leidenschafft ists die uns aufblasen wird zum Brand, in dieser Noth werden wir um uns greifen, und brav seyn, und handeln, und gut seyn, und getrieben werden, dahin wo Ruhe Sinn nicht reicht."

Mis III 189.
„Kehr' ich mich um
Und brumm'
Und renne rückwärts eine Strecke
Und seh' mich um
Und brumm',
Und laufe wieder eine Strecke,
Und kehr' doch endlich wieder um."

Br. II 247. „Bleib bey mir lieber Friz mir ist als wenn ich auf Schrittschuen zum erstenmal allein liefe und dummelte auf dem Pfade des Lebens und sollte schon um die Wette laufen und das wohin all meine Seele strebt."

Mis III 164.
„Und wenn sie liebend nach mir blickt
Und alles rings vergisst
Und dann an meine Brust gedrückt
Und weidlich eins geküfst"...

An dieser Stelle werden auch am passendsten verschiedene Beispiele ihren Platz finden, in denen die polysyndetische Verknüpfung nicht ununterbrochen fortläuft, und sich auch nicht immer in demselben logischen Zusammenhang befindet, wo aber

---

*) Adjektive und Fürwörter fehlen.

IV. Kapitel.

trotzdem der Eindruck eines vielfach gegliederten polysyndetischen Sprachgebildes hervorgerufen wird:

W 271. „Mein Herz sagte ihr tausend Adieu! Und sie sah mich nicht! Die Kutsche fuhr vorbey und eine Thräne stund mir im Auge. Ich sah ihr nach! Und sah Lottens Kopfputz sich zum Schlag heraus lehnen, und sie wandte sich um zu sehn."

W 305. „Mein Alter spürt auch wohl den Vorzug, den mir der Graf vor ihm giebt, und das ärgert ihn, und er ergreift jede Gelegenheit, übels gegen mich vom Grafen zu reden, ich halte, wie natürlich, Widerpart, und dadurch wird die Sache nur schlimmer."

W 263. Guter Gott von deinem Himmel, alte Kinder siehst du, und junge Kinder und nichts weiter, und an welchen du mehr Freude hast, das hat dein Sohn schon lange verkündigt.

W 323. ....„ich war stille, und mein Mann, sagte sie, ist aus der Schweiz zurück, und hat nichts mit gebracht, und ohne gute Leute hätte er sich heraus betteln müssen."

Clav. 381. ..... sein Anblick würkte volle warme Liebe auf mich! und wie ich wieder zu Hause kam, und mir sein Betragen auffiel, und der ruhige, kalte Blick, den er über mich herwarf an der Seite der glänzenden Donna; da ward ich Spanierin in meinem Herzen und grif nach meinem Dolch und nahm Gift zu mir, und verkleidete mich."

W 338. „Du gehst hoffnungsvoll aus, deiner Königin Blumen zu pflücken im Winter und traurest, da du keine findest, und begreifst nicht, warum du keine finden kannst. Und ich und ich gehe ohne Hoffnung ohne Zweck heraus und kehr wieder heim wie ich gekommen bin."

L 53.
„Wenn ich empfinde
Und dem Gefühl und dem Gewühl
Vergebens Nahmen such und keinen Nahmen finde,
Und in der Welt mit allen Sinnen schweife
Und alle höchsten Worte greife,

Das Polysyndeton.

Und diese Gluth von der ich brenne
Unendlich, ewig, ewig nenne
Ist das ein teuflisch Lügenspiel."

Br. III 69. ..... und sich Gustgen und hinter und vor und neben mir feine Glut, nicht Flamme, tiefe hohläugige Glut des niedergesunknen Orts, und der Wind drein und dann wieder da eine auffahrende Flamme, und die herrlichen alten Bäume um's ort inwendig in ihren hohlen Stämmen glühend und der rothe dampf in der Nacht und die Sterne roth und der neue Mond sich verbergend in Wolcken."

K 567. „Und vergifs die Maske nicht. Und wie ich dir sage: schlag und zwitsere und kümmere dich um nichts, bis ich dich rufe."

Br. II 273. „Und dann du und Friz und ich! und alles wirrt sich in einen Schlangenknoten! Und ich finde nicht Lufft zu schreiben."

B 356. „Und wenn ich ganz frey wäre, und ihr wollt handeln wie bey Weinsperg an den Edlen und Herrn, und so fort haussen wie rings herum das Land brennet und blutet, und ich sollt euch behilflich seyn zu eurem schändlichen rasenden Wesen, eher sollt ihr mich todt schlagen wie einen wütigen Hund, als dafs ich euer Haupt würde."

Mis III 501. „Eine junge Zeder wuchs schlanck auf und schnell und drohte die andern zu überwachsen. Da beneideten sie alle. Und ein Held kam und hieb sie nieder, und stuzte ihre Aeste, sich zur Lanze wider die Riesen. Da riefen ihre Brüder Schade! schade!"

S 653. „Nun, nun! Gott wird ihr eins wieder schenken! Und werden's behalten, und werden bleiben und ein wakerer Landmann mit uns werden! Denn am Ende was ist all das suchen und fahren und schwadroniren?"

Br. II 190. „Mir hat sie zum Willkomm in voller Freude Rock und Hand geküsst. und mir erzählt von dir wie du so garstig warst, und ein gut Kind hernach und nicht verschwäzt hättest. wie sie um dich hätte Schläge gekriegt da sie dich zum Lieutenant Meyer führte der in deine Mutter verliebt war, und dich sehen und dir was schencken wollte, das sie aber nicht litt pp. alles alles."

Br. II 191. „Und von Carlinen, Lehngen allen, und was ich nicht gesehn und gesehn habe, und am Endlichen Ende war doch Lotte und Lotte und Lotte und Lotte, und Lotte und ohne Lotte nichts und Mangel und Trauer und der Todt."

W 352. ...: „dafs, wenn Morgen und wieder Morgen, und noch ein Tag wäre, dafs sie die Christgeschenke bey Lotten holten, und erzählten ihm Wunder, die sich ihre kleine Einbildungskraft versprach. Morgen! rief er aus, und wieder Morgen, und noch ein Tag! Und küfste sie alle herzlich, und wollte sie verlassen, als ihm der kleine noch was in's Ohr sagen wollte."

Innerhalb eines komplizierten Polysyndeton ist auch wohl ein **Ansatz zur Anaphora** vorhanden, so dafs dann beide Kunstmittel gemeinsam wirken: so in den beiden folgenden, merkwürdig analog gebildeten:

W 300. „Wie es gegen das Ende gieng, und sie zu mir sagte: Bring mir sie herauf, und wie ich sie herein führte, die kleinen die nicht wufsten, und die ältesten die ohne Sinne waren, wie sie um's Bett standen, und wie sie die Hände aufhub und über sie betete, und sie küfste nach einander und sie wegschickte, und zu mir sagte..."

K 558. „Du weifst, wenn Don Pedro des Abends fort mufs, wie sie da einander mit langen Athemzügen und Bliken eine gute Nacht geben, als sollten sie auf ewig getrennt werden, und wie's bei Tisch so still hergeht, und wie bald abgessen ist, und wie mein Claudingen, so bald der Vater im Lehnsessel zu niken anfängt, weg und in Garten schleicht, und dem Mond was vorsingt."

Die Anaphora kann auch den Schlufs bilden:

W 331. ...„o, wenn da diese herrliche Natur so starr vor mir steht wie ein lakiert Bildgen, und all die Wonne keinen Tropfen Seligkeit aus meinem Herzen herauf in das Gehirn pumpen kann, und der ganze Kerl vor Gottes Angesicht steht wie ein versiegter Brunnen, wie ein verlechter Eymer!"

oder den Anfang:

Clav. 422. „Man kann nicht wissen, wie's verschwätzt wird, wie er Wind kriegt, und er überläuft dich und alles geht zu Grunde."

Gar nicht selten werden **Asyndeton und Polysyndeton nebeneinander verwendet**, indem die eng verschlungenen Glieder der polysyndetischen Kette durch asyndetische Nebeneinanderreihungen durchbrochen werden:

Clav. 380. „Ich sagt's ihr gestern Abend. Sie war so ausgelassen lustig, und hat geschwatzt bis eilfe, da war sie erhitzt, konnte nicht schlafen, und nun hat sie wieder keinen Athem, und weint den ganzen Morgen."

Clav. 416. „O Bruder, ich werde rasend, ich laufe davon, wenn mich nun die Leute zu packen kriegen, und fragen und quästioniren, und nicht begreifen können "

Clav. 428. „Fangen wollt ich ihn lebendig, und an einen Pfahl gebunden stückweise seine Glieder ablösen, vor seinem Angesichte braten und mir's schmecken lassen, und euch auftischen, Weiber!"

B 48. „Ich hatte nichts zu thun, da nahm ich Hansens Küraſs und schnallt ihn an, und setzt seinen Helm auf, schlupft in seine Armschienen und Handschuh, und zog sein Schwert und schlug mich mit den Bäumen herum;"

W 282. „Ich gehe so neben ihm hin, und pflücke Blumen am Wege, füge sie sehr sorgfältig in einen Straus und — werfe sie in den vorüberfliessenden Strohm, und sehe ihnen nach wie sie leise hinunterwallen."

W 301. „Ach sie wuſste nicht als sie ihre Hand aus der meinigen zog sie giengen die Allee hinaus, ich stand, sah ihnen nach im Mondscheine und warf mich an die Erde und weinte mich aus, und sprang auf, lief auf die Terrasse hervor und sah noch drunten im Schatten der hohen Lindenbäume ihr weisses Kleid nach der Gartenthüre schimmern, ich streckte meine Arme hinaus, und es verschwand."

Mis III 163
,,Ich seh sie dort, ich seh sie hier
Und weis nicht auf der Welt
Und wie und wo und wann sie mir
Warum sie mir gefällt."

E 528. ,,Auf öden Wegen
Gestöber und Regen,
Fühl ich und flieh ich
Und suche die Quaal."

E 523. ,,Arbeit schaft dir täglich Brod,
Dach und Fach und Schatten."

S 636. ... ,,wenn ich von seinen Küssen, meine Augen zu dir hinauf wendete, mein Herz an dem seinen glühte, und ich mit bebenden Lippen seine grofse Seele in mich trank, und ich dann mit Wonnethränen zu dir hinauf sah, und aus vollem Herzen zu dir sprach ..."

W 297. ,,Hier sitz ich und schnappe nach Luft, suche mich zu beruhigen, und erwarte den Morgen, und mit Sonnen Aufgang sind die Pferde bestellt."

Br. III 14. ,,Ich bin immer fort in der wunschenswerthsten Lage der Welt. Schwebe über all den irrsten gröfsten Verhältnissen, habe glücklichen Einfluss, und geniefse und lerne und so weiter."

K 584. ,,Und reit im Blitz und Wetterschein
Gemäuerwerk entgegen;
Bind 's Pferd haus an und kriecht hinein
Und dukt sich vor dem Regen;
Und wie er tappt und wie er fühlt
Sich unter ihm die Erd erwühlt;
Er stürzt wohl hundert Klafter."

V. Kapitel.
Das Asyndeton.

Ich eröffne dieses Kapitel wiederum mit statistischen Angaben über das Vorkommen des Asyndetons in irgendwelcher Form. Die Zahlen sind:

		Polysyndeton*)	
B	14	B	8
W	107	W	32
U	27	U	10
E	10	E	9
S	35	S	6
Mis	183	Mis	48
K	12	K	7
Clav.	76	Clav.	7
Summa: 464		Summa: 127	

Ein Vergleich mit der rechts stehenden Rubrik „Polysyndeton" lehrt eine bedeutende Abweichung für das Asyndeton, sowohl hinsichtlich der Häufigkeit als auch der Verteilung über die einzelnen Werke des Dichters. Zwar E, B, K differieren nicht sehr erheblich; denn was verschlägt ein Plus von 2 oder 4 oder 6? So arithmetisch darf selbsverständlich bei sprachlich-ästhetischen Beobachtungen nicht verfahren werden; aber die Zahlen geben immerhin zunächst eine Ausgangsbasis für die Beurteilung ab,

*) Zum Vergleich füge ich diese Zahlen zur Seite.

deshalb kann ich nicht wohl auf sie verzichten. Nach dieser Bemerkung brauche ich wohl nicht mehr zu fürchten, mifsverstanden zu werden hinsichtlich der Verwendung meines Zahlenmaterials und der daraus gefolgerten Schlüsse, wenn ich nunmehr also fortfahre: Während die genannten Stücke so gut wie keine Veränderung aufweisen in der Verwendung des Asyndeton im Vergleich zu der des Polysyndeton, steigen die Zahlen in W und U auf das Dreifache, in Mis auf das Vierfache und in S auf das Sechsfache. S bildet in Hinsicht auf die abzuhandelnde Erscheinung den Übergang zum „Clavigo", und das ist bemerkenswert für den, der die innere Verwandtschaft beider Stücke kennt. Im „Clavigo" schnellt die Zahl ganz merkwürdig herauf, nämlich von 7 auf das mehr als Zehnfache: 76! Aus dem an und für sich zahlreicheren Auftreten des Asyndeton neben dem Polysyndeton erklärt sich dieser erstaunliche Sprung nicht; vielmehr besteht die Thatsache, dafs dieses rhetorische Kunstmittel im „Clavigo" ganz unverhältnismäfsig oft angetroffen wird. Es fragt sich nun: inwiefern beeinflufst dieser Umstand die Sprache? was dürfen wir für den Stil daraus schliefsen?

Glaubte ich oben das Polysyndeton in seiner sprachlichen Funktion des Näheren kennzeichnen zu können, indem ich sagte, es dehne und recke den Ausdruck und fördere eine gewisse gesättigte Fülle der Anschauung, so gestaltet das Asyndeton die Rede in gerade entgegengesetzter Weise: Es bringt ein Moment der Lebhaftigkeit hinein, der Beweglichkeit und raschen Aufeinanderfolge der darzustellenden Handlungen, Zustände, Empfindungen:

> S 639. „Ein Jahrtausend von Thränen und Schmerzen, vermögten die Seeligkeit nicht aufzuwiegen, der ersten Blike, des Zitterns, Stammelns, des Nahens, Weichens — des Vergefsen sein selbst — den ersten flüchtigen; feurigen Kufs, und die erste ruhig athmende Umarmung..."

Das Hinüber und Herüber all der Seelenregungen in den verschiedenen Stadien der Näherung liebender Herzen bekommt eine ganz prächtige sprachliche Gestaltung durch diese unverbundene Nebengruppierung der Begriffe.

Auch den raschen Fortschritt in der Erzählung herzustellen, ist die Form asyndetischer Redeweise sehr geeignet:

S 682. „Er war ein Biedermann; er liebte sein Weib, nahm Abschied von ihr, empfahl ihr sein Hauswesen, umarmte sie, und zog. Er zog durch viele Länder, kriegte und ward gefangen. Seiner Sklaverei erbarmte sich seines Herrn Tochter; sie lösste seine Fesseln, sie flohen. Sie geleitete ihn aufs neue durch alle Gefahren des Kriegs — Der liebe Waffenträger! — ... Sieh da, die wakre Hausfrau, die ihrem Gemahl entgegeneilt, sieht all ihre Treue, all ihr Vertrauen, ihre Hofnungen belohnt, ihn wieder in ihren Armen."

Viel bedeutender noch äufsert das Asyndeton die bewegende und belebende Kraft seines Wesens im folgenden:

W 373. „Morgens um sechse tritt der Bediente herein mit dem Lichte, er findet seinen Herrn an der Erde, die Pistole und Blut. Er ruft, er fafst ihn an, keine Antwort, er röchelt nur noch. Er lauft nach den Aerzten, nach Alberten. Lotte hörte die Schelle ziehen, ein Zittern ergreift alle ihre Glieder, sie weckt ihren Mann, sie stehen auf, der Bediente bringt heulend und stotternd die Nachricht, Lotte sinkt ohnmächtig vor Alberten nieder."

Im Briefstile liebt Goethe das Asyndeton aufserordentlich: mir liegen nicht weniger als 88 Beispiele vor. In dieser Form konnte der Dichter so prächtig die sich überstürzende Hurtigkeit der Gedanken und Gefühle und Geschehnisse darstellen, die seinen allumspannenden Geist in nie endender Thätigkeit halten, konnte so entzückend und lebhaft plaudern, wie es eben nur der Meister versteht:

Br. II 295. Und doch, Liebste, wenn ich wieder so fühle dafs mitten in dem Nichts, sich doch wieder so viel Häute von meinem Herzen lösen, so die convulsiven Spannungen meiner kleinen närrischen Composition nachlassen, mein Blick heitrer über Welt, mein Umgang mit den Menschen sichrer, fester, weiter wird, und doch mein innerstes immer ewig allein der heiligen Liebe gewidmet bleibt, die nach und nach das Fremde durch den Geist der reinheit der sie selbst ist ausstößt und so endlich lauter werden wird wie gesponnen Gold. — Da lass ich's denn so gehn —"

Br. II 283. „... bald die unschuldigen Gefühle der Jugend in kleinen Gedichten, das kräftige Gewürze des Lebens in mancherley Dramas, die Gestalten seiner Freunde und seiner Gegenden und seines geliebten Hausraths mit Kreide auf grauem Papier, nach seiner Maase auszudrücken sucht, ..."

Für die Kritik ist das Asyndeton auch nicht zu verachten:

B. II 173. „Der Trödelkrämer Merkurius fährt fort seine philosophisch moralisch poetische Bijouteries, Etoffes, Dentelles pp. nicht weniger Nürnberger Puppen und Zuckerwerck, an Weiber und Kinder zu verhandeln, wird alle Tage gegen seine Mitarbeiter schulmeisterlich impertinenter, putzt sie wie Buben in Noten und Nachreden pp."

Etwas Lustig-Polterndes empfinde ich in folgendem Briefe an Elisabeth Jacobi:

Br. II 180. „Cathrine machte auf, und grose Augen, stuzte, erkannte mich, und schien vergnügt zu seyn. Das Haus war leer! Die Herrschaft verreist der jüngste schlief, die andern in Pempelfort. Ich hinaus nach Pempelfort pppppp. Lottgen, Lehngen, Papa, ppp. Friz, George, der Kleine ppp."

Tagebuchartig liest sich:

Br. II 305. „Hab geschlafen bis 1 gegessen, etwas besorgt, mich angezogen, den Prinzen von Meinungen mich dargestellt, ums Thor gangen, in die Comödie. Lili sieben Worte gesagt. Und nun hier. Addio.

Es kann aber auch der Lebhaftigkeit des Dargestellten durch diese kurze abgerissene Art asyndetischer Diktion ein Moment resignierter Melancholie beigemengt werden. Der Ausgang des „Werther" bietet wundervolle Belege dafür: in ihnen zeigt sich das Asyndeton in einer von der im vorhergehenden gekennzeichneten ganz abweichenden Wirkung:

W 375. „Um zwölfe Mittags starb er. Die Gegenwart des Amtmanns und seine Anstalten tischten einen Auflauf. Nachts gegen eilfe ließ er ihn an die Stätte begraben, die er sich erwählt hatte, der Alte folgte der Leiche, und die Söhne.

Albert vermochts nicht. Man fürchtete für Lottens Leben. Handwerker trugen ihn. Kein Geistlicher hat ihn begleitet."
W 373. „In diesen Kleidern, Lotte, will ich begraben seyn. Du hast sie berührt, geheiligt. Ich habe darum auch deinen Vater gebeten. Meine Seele schwebt über dem Sarge. Man soll meine Taschen nicht aussuchen."

Jedes sprachliche Kunstmittel darf nur mit einer gewissen Zurückhaltung gebraucht werden, sonst wird es zur Manier und geht des Eindrucks verlustig. Diejenigen sprachlichen Ornamente vollends, die mich in diesen Kapiteln beschäftigen, sind in Hinsicht auf das zu viel bei ihrer Verwendung sorglich zu prüfen, denn ihr Übermafs giebt der Diktion das Gepräge einer rein äufserlichen, manirierten Rhetorik, die am ehesten da prunkt, wo dem Werke des Autors ein rechter tiefgefühlter Gedankeninhalt mehr oder minder fehlt. Aus den Kunstmitteln werden dann Aufputzmittel, Schönheitspflästerchen, hübsche Lärvchen, die innere Leere zu verdecken.

Wenn nun eine stilistische Erscheinung von der Art des Asyndeton im „Clavigo" so zahlreich enthalten ist, so mufs ganz gewifs der Stil dadurch in bestimmter Weise modifiziert werden.

Es liegt im Wesen des Asyndetons begründet, dafs es seine eigentliche Stärke erst entwickelt, wenn es mehr als zweigliedrig auftritt, und es ist bezeichnend für den Clavigostil, dafs die asyndetische Nebeneinanderreihung von nur zwei Redeteilen, zumal Substantiven, im „Clavigo" sehr häufig ist, in den sonstigen Werken des „jungen Goethe" dagegen nur vereinzelt gefunden wird. Man betrachte folgendes Beispiel genauer:

Clav. 409. „ . . . es war ganz der Gedanke, der Wunsch unsers Gesandten, dafs ihm Marie vergeben, und dafs eine glückliche Heurath diese verdrüfsliche Geschichte endigen möge."

Durch das Fehlen des „und" zwischen „Gedanke" und „Wunsch" wird ein retardierendes Moment *) lebendig, denn ohne

---

*) Ein derartiges zweigliedriges Asyndeton wirkt stets retardierend, mag die Pause zwischen die beiden oder hinter die beiden Redeteile gelegt werden. Das macht meine oben gegebene Erläuterung des Wesens des Asyndetons nicht

eine Pause zwischen beiden Substantiven ist nicht wohl auszukommen. Wozu aber das? Es handelt sich um eine einfache Mitteilung. Das Emphatische, das diese Pause unverkennbar in sich hat, ist gar nicht angebracht; wohl aber in folgendem Beispiel aus Prometheus:

> Mis III 453. „Weil ich glaubte
> Sie sähen das Vergangene, das Zukünftige
> Im Gegenwärtigen,
> Und ihre Leitung, ihr Gebot
> Sey uranfängliche
> Uneigennützige Weisheit?"

Merke: „Das Vergangene — das Zukünftige — ihre Leitung — ihr Gebot —!" Die Situation erlaubt eben eine höhere Spannung des sprachlichen Nachdrucks. Denselben Charakter trägt eine Stelle aus „Faust":

> U p. 66. „Der Allumfasser
> Der Allerhalter
> Fasst und erhält er nicht
> Dich, mich, sich selbst!"

Auch die folgende redet eine ähnliche Sprache:

> U 6. „In Lebensfluthen im Thatensturm
> Wall ich auf und ab
> Webe hin und her
> Geburt und Grab,
> Ein ewges Meer
> Ein wechselnd Leben!"

Ein Passus wie der folgende:

> Clav. 377. „. . . . und ich habe einen Ruhm, ein Zutrauen unter meinen Mitbürgern . . ."

ist steif. Schon zu sagen: „Ich habe einen Ruhm unter meinen Mitbürgern" ist eine ungewandte Ausdrucksweise, jedenfalls sollte der Archivar des Königs und Schöngeist „Belletrist" nach

hinfällig, denn ein eigentliches Asyndeton ist darin kaum zu erkennen, so wenig als ich die einfache und-Verknüpfung ein Polysyndeton nennen kann, z. B. „Vater und Sohn".

Danzel! — die Sprache leichter handhaben und wenigstens sagen: „einen Ruhm geniefsen" oder ähnlich, und auch nicht „**einen Ruhm**" sondern einfach „Ruhm", da der unbestimmte Artikel an dieser Stelle nicht die prägnante Bedeutung haben kann, als wenn man etwa mit Nachdruck ausruft: „und einen Ruhm genofs er!", wo dann in dem „einen" dem Sinne nach „einen aufserordentlichen" steckt.

„... ich habe ein Zutrauen unter meinen Mitbürgern" ist gerade so holperig! Man hat „Zutrauen zu jemand", es wird einem „Zutrauen entgegengebracht von Mitbürgern", man findet „Zutrauen zu seiner Persönlichkeit unter Mitbürgern" — aber „Zutrauen haben unter ..." ist mindestens unbeholfen ausgedrückt. Indem nun aber gar beide Wendungen in dieser asyndetischen Hervorhebung erscheinen, verdoppelt sich das Ungelenke des Ganzen. Denn ich empfinde die Wirkung dieses zweigliedrigen Asyndeton immer dahin, dafs beide Substantive für **einen Moment exponiert werden**, so dafs der Leser oder Hörer bei ihnen verweilen mufs.

Begegnet einem eine derartige Bildung nun gar auf engem Raume zu öfteren Malen, dann kann man sich des Gefühls, es liege rhetorische Mache vor, nicht erwehren. Solche Bildungen aber sind:

Clav. 395. „... flössen Sie mir eine Begierde ein, eine Kraft, alles wieder gut zu machen."

Clav. 411. „Das Vergnügen an uns selbst, die freundschaftliche Harmonie sollen der Prunk dieser Feyerlichkeit seyn."

Clav. 396. „O ihre Güte, ihre himmlische Seele schwebt mir ganz lebhaft vor!"

Clav. 381. „Wenn ich dich ihn könnte verachten lernen, den Nichtswürdigen! Den Hassenswürdigen!"

Clav. 419. „Einen Funken, Carlos, deiner Stärke, deines Muths ..."

Im W*) nimmt sich dergleichen ganz anders aus, denn

---

*) W ist neben Clav. das einzige Werk, in dem dieses Asyndeton öfter vorkommt.

V. Kapitel.

eine gewisse Emphase kleidet den Stil dort, weil sie dem Inhalte entspricht:

W 271. „Was mufs das für ein Kerl seyn, dem Lotte gefällt, dem sie nicht alle Sinnen, alle Empfindungen ausfüllt."

W 350. „Wenn du dies liesest, meine Beste, deckt schon das kühle Grab die erstarrten Reste des Unruhigen, Unglücklichen, der . . ."

W 298. „Ich hatte mich etwa eine halbe Stunde in denen schmachtenden süssen Gedanken des Abscheidens, des Wiedersehns geweidet, als . . ."

Die asyndetische Aneinanderreihung **dreier Substantive** giebt der Diktion das Gepräge munterer Flüssigkeit, sie bringt die Rede in eine schnellere Gangart:

B 360. „Er hat sich zu Rebellen, Missethätern, Mördern gesellt, an ihrer Spitze gezogen."

Br. II 223. „Ich trag sie mit mir herum, wann, wo ich sie aufschlage wird mirs ganz wohl, und hunderterley Wünsche, Hoffnungen, Entwürfe entfalten sich in meiner Seele."

K 580. „Alle Balladen, Romanzen, Bänkelgesänge werden jetzt eifrig aufgesucht, aus allen Sprachen übersezt."

U 36. „Wie athmet rings Gefühl der Stille,
Der Ordnung, der Zufriedenheit,
In dieser Armuth welche Fülle!
In diesem Kerker welche Seeligkeit!"

U 79. „Was ist des Himmels Freud in ihren Armen
Das durch erschüttern, durcherwarmen?
Verdrängt es diese Seelen Noth.
Ha bin ich nicht der Flüchtling, Unbehauste,
Der Unmensch ohne Zweck und Ruh."

Mis I 115. „Die Lippen aufgedrückt, ein liebenswürdig Bild
Wie er sich täglich zeigt, bis Bitten, Küsse, Klagen,
Den rauhen Winterzug von seiner Stirne jagen."

W 368. „Sie erinnerte sich all seiner Güte, seines Edelmuths, seiner Liebe, und schalt sich, dafs sie es ihm so übel gelohnt habe."

Mis III 178. „Dem Schnee, dem Regen,
          Dem Wind entgegen,
          Im Dampf der Klüfte,
          Durch Nebeldüfte,
          Immer zu! Immer zu!
          Ohne Rast und Ruh!"

Je mehr Substantive in der Weise zusammentreten, desto lebhafter wird der Fluſs der Sprache:

Br. I 143. „Das süſse Lächeln in den kleinen Pausen unserer Liebkosungen, die Röhte, die Schaam, Liebe, Wollust, Furcht, auf die Wangen treiben ..."

U 66. „Nenn das dann wie du willst, nenn's Glück! Herz! Liebe! Gott!"

Mis II 457. Hier aber ist alles Inschrift, Satz, Lehre, Moral, mit goldnen Buchstaben an die Wand geschrieben ..."

S 660. „Alle Stüzen des menschlichen Herzens: Liebe, Zutrauen, Ehre, Stand, täglich wachsendes Vermögen, Aussicht über eine zahlreiche wohlversorgte Nachkommenschaft, alles stürzte vor mir zusammen ..."

B II 230. „Meine Teure — ich will Ihnen keinen Nahmen geben, denn was sind die Nahmen Freundinn Schwester, Geliebte, Braut, Gattin ..."

Mis II 452. „ ... die Farbe des Ausdrucks untersuchen; Scharfsinn, Witz, Enthusiasmus, Moral, Politik, Richtigkeit der Erzählung prüfen ..."

Diese Form des Asyndetons, die ich noch an einigen dreiſsig weiteren Beispielen belegen könnte, hat der „junge Goethe" im „Clavigo" ganz rein überhaupt nicht gebraucht. In dem einzigen Beispiel nämlich stört ein disjunktives „Oder" im Schluſs den asyndetischen Charakter:

Clav. 392. „ ... ob meine Schwester durch irgend eine Treulosigkeit, Leichtsinn, Schwachheit, Unart oder sonst einen Fehler diese öffentliche Beschimpfung um Sie verdient habe."

womit zu vergleichen ist eine entsprechende Stelle aus einem Briefe an Trapp:

> Br. I 240. „… wo unsre Klugheit, Weisheit, Grübeley oder Unglauben, wie Sie es nennen wollen, am wenigsten ausrichtet."

Wo im „Clavigo" zwei Adjektive asyndetisch als Attribute vor ein Substantiv treten, geschieht es mit Geschmack und thut Wirkung:

> Clav. 410. „Ein schwermüthiges, geprestes guten Tag!"
>
> Clav. 407. „Mitten in allem Taumel, durch all den verführerischen Gesang der Eitelkeit und des Stolzes, hab ich mich immer jener seligen unbefangenen Tage erinnert …"

Dieses Asyndeton ist selten; ich kann es nur durch wenige weitere Beispiele belegen:

> S 635. „Alles Gute! die besten, wärmsten Wünsche für ihr Glük!"
>
> B 262. „Ich sagt es dir immer, wenn du dich mit den eitlen garstigen Vettern abgabst …"

Ganz spärlich finden sich zwei Adjektiva in prädikativer Stellung asyndetisch neben einander gereiht:

> Br. II 201. „Hier was von meiner Unart liebe Mama, ich bin Stürmisch, verworren, …"
>
> U 86. „Weh! Deine Lippen sind kalt! Todt! Antworten nicht!"

Sehr häufig dagegen ist das Asyndeton von drei Adjektiven: Von etwa 55 Beispielen teile ich zunächst einige als Muster mit:

> S 628. „O! mir ist als wenn ich nach einem langen, kalten, freudelosen Todschlaf ins Leben wieder erwachte; …"
>
> Mis II 4. „Soll der zurück kehren
> Der kleine, schwarze, feurige Bauer?"
>
> Br. II 36. „Ich kam mit ganzem, vollem, warmem Herzen, lieber Kestner …"

Mis III 190. „Für einen Bären, zu mild,
Für einen Pudel, zu wild,
So zottig, täpsig, knollig!"

Mis II 453. „Da bedauerten nun der Herr Verfasser aus innigem Gefühl einer kühlen, schwächlichen, kritischen Sittigkeit . . ."

Im vorletzten Beispiel aus „Lilis Park" gehört ein „so" zu allen drei Adjektiven gemeinsam; es kann aber auch anaphorisch vor jedem Adjektiv wiederholt werden:

Mis II 434. „Warum sind die Gedichte der alten Skalden und Celten und der alten Griechen, selbst der Morgenländer so stark, so feurig, so grofs?"

E 506. „. . . und prätendirte etwa, wir sollten so steif, so eitel, so albern thun wie sie."

Drei Adjektive im Asyndeton fand ich nun in „Clavigo" neunmal — eine grofse Zahl, wenn man erwägt, einen wie geringen Bruchteil des ganzen jungen Goethe „Clavigo" dem äufseren Umfange nach ausmacht; von den 1614 Seiten bei Bernays nämlich gehören dem „Clavigo" nur 60, also etwa der 27. Teil. Dazu kommen die zahlreichen, bei Bernays fehlenden Briefe der weimarischen Ausgabe, wodurch der Anteil von „Clavigo" sich natürlich noch vermindert. Es wäre nun freilich barer Unsinn, etwa zu schliefsen: eine sprachliche Erscheinung, die im „Clavigo" einmal auftritt, müsse in der Gesamtheit der übrigen Werke 27mal vorhanden sein, und einer neunmaligen Verwendung des gegenwärtig zu behandelnden Asyndetons im „Clavigo" müsse also eine solche von 243 Belegen dort entsprechen. Wohl aber bleibt beachtenswert, dafs das Verhältnis ein so ungleiches ist wie $9 : 45 = 1 : 5$ (statt des idealen $1 : 27$).

Nur W reicht an die Zahl des „Clavigo" heran mit 8 Beispielen. Das ist auch wieder lehrreich! Der Wertherstil kann ohne volltönigen rhetorischen Schwung nicht bestehen:

W 283. „Aber so rechtfertig ist der Mensch, wenn er glaubt, etwas übereiltes, allgemeines, halbwahres gesagt zu haben . . ."

W 261. ..... uns mit all der Wonne eines einzigen grossen herrlichen Gefühls ausfüllen zu lassen."

Im „Clavigo" wird der Gegenstand durch eine eigene, interessante Beleuchtung erhellt, wenn man feststellt, wie sich dieses Asyndeton denn auf die einzelnen Scenen und Personen verteilt; ein einigermafsen überraschendes Resultat ergiebt sich nämlich alsdann: Clavigo selbst bedient sich der Bildung nur ein einzigesmal, in den Worten:

Clav. 397. „Dieser Vorschlag ist gerecht, anständig, klug ..."

Sonst wird sie nur in Reden des Carlos oder der Sophie angetroffen. Auf pag. 412 sagt Carlos:

Clav. 412. ..... geschrieben von eignen zärtlichen, krizlichen Pfötgen ..."

und bereits wieder auf pag. 415 unmittelbar hinter einander:

Clav. 415. „Sie soll artig seyn, angenehm, witzig!"

Clav. 415 „Ach! sagt einer, sie soll schön seyn, reizend, ausnehmend schön."

Clav. 415. „... ohne eine stattliche, herrliche, hochäugige Spanierin im Triumph aufzuführen ..."

Clav. 415. ..... kommt angezogen mit seiner trippelnden, kleinen, hohläugigen Französin ..."

Mir scheint, das ist eine hart an Manirietheit streifende Überfülle: der Eindruck wird gestört durch die Empfindung, dafs Carlos des Guten zu viel thut mit diesem seinem Mittel, seine Rede dringlich und überzeugend zu machen. Indessen liegt in dieser Absicht immerhin ein entschuldigendes Moment; und vor allen Dingen: seine Reden tragen den Stempel innerer Wahrheit! Ganz das Gegenteil entnehme ich folgenden Äufserungen der Sophie:

Clav. 402. „denn ach! liebt' ich ihn nicht, wie du, mit der vollsten, reinsten, schwesterlichsten Liebe?"

Clav. 402. „... noch eben das gute, sanfte, fühlbare Herz ..."

Das ist Empfindsamkeit ohne Empfindung, stilistisch ein-

gekleidet in das mühelos zu kopierende Werthergewand. Und
französische Schönrednerei nach Art des sich selbst verherrlichen-
den Beaumarchais des Memoires atmen die Worte:

> Clav. 380. „.... er war ein feuriger, offener, braver
> Knabe ..."

Das adjektivische Asyndeton beschränkt sich übrigens nicht
auf drei Anreihungen: es finden sich vier und mehr:

> Br. I 109. ..... so garantire ich meinen Kopf, du sollst
> in einem kleinen Jahre das vernünftigste, artigste, angenehmste,
> liebenswürdigste Mädgen nicht nur in Franckfurt, sondern
> im ganzen Reiche seyn."

> Mis II 387. „Da erschienen zwey abgeschmackte, gezierte,
> hagere, blasse Püppgens ..."

> S 681. „Wer betäubt seine Qualen durch einen kalten, un-
> gefühlten, ungedachten, vergänglichen Trost?"

> Br. II 302. „Die ersten Augenblicke Sammlung die mir
> durch einen tollen Zufall, durch eine lettre de cachet des
> Schicksaals übers Herz geworfen werden, die ersten, nach
> den zerstreutesten, verworrensten, ganzesten, vollsten, leersten,
> kräftigsten und läppischsten drey Vierteljahren die ich in
> meinem Leben gehabt habe."

Die Betrachtung über das Asyndeton in adverbiellen
Bestandteilen beginne ich wiederum mit anschaulichen, absichtlich so geordneten Beispielen, dafs sie von der einfachen Form
zur volleren fortschreiten:

> Br. I 145. „.... allein sie plagte mich mit gar keiner Eifer-
> sucht, mit keinem Zweifel, das hiefs, die Heftigkeit der Liebe
> hatte gegen sonst viel nachgelassen."

> Mis I 264. „Er läuft in Gegenden wo er mit dir gegangen,
> Im krummen Thal, im Wald, am Bach —"

> Mis II 444. „Im Fallen strengt er seine Phantasie an mit
> tröstenden Hoffnungen von Ruhe, von Freude, von Glück-
> seligkeit ..."

> W 251. „.... und meine ganze Seele ruhte auf der Gestalt,
> dem Tone, dem Betragen ..."

V. Kapitel.

B 262. „... und ihnen erzähltest von mißvergnügten Ehen, verführten Mädgen, der rauhen Haut einer dritten, oder was sie sonst gerne hören ..."

Br. II 94. „Dann nimm den Weisling vor dich hin
Mit breitem Kragen, stolzen Kinn,
Mit Spada wohl nach Spanier Art,
Mit Weitnaslöchern, Stützleinbart ..."

Mis II 476. „So würden wir nach und nach vom mechanischen zum intellektuellen, vom Farbenreiben und Saitenaufziehen zum wahren Einfluß der Künste auf Herz und Sinn einer lebendigen Theorie versammeln, würden dem Liebhaber Freude und Muth machen und vielleicht dem Genie etwas nutzen."

Ohne Zweifel hat dieses Asyndeton am richtigen Orte angewendet, ganz bedeutenden Erfolg, wie z. B. der Eingang des Zigeunerliedes aus „Goetz" beweist:

B 157. „Im Nebel-Geriesel, im tiefen Schnee,
Im wilden Wald, in der Winternacht."

Ich habe 22 Beispiele für dieses Asyndeton gesammelt, beinahe die Hälfte, nämlich 9, gehören „Clavigo" und „Werther" an, und zwar ersterem 5. Unter diesen 5 Belegstellen ist nur eine recht wirkungsvoll:

Clav. 417. „Rette mich! Freund! mein Bester, rette mich! Rette mich von dem gedoppelten Meineid, von der unübersehlichen Schande, von mir selbst, ich vergehe!"

Der starke Affekt rechtfertigt den starken rhetorischen Aufwand.

In den folgenden Beispielen dagegen, von denen die beiden ersten durch die Gleichförmigkeit ihrer Bildung auffallen, wäre ein die Rhetorik milderndes verknüpfendes „und" wohl am Platze:

Clav. 398. „Ich bekenne, daß ich durch mein Betragen, den Leichtsinn meiner Reden, durch die Auslegung, deren sie unterworfen waren, öffentlich dieses tugendhafte Frauenzimmer erniedrigt habe ..."

Clav. 401. „Ich hoffe durch seine Vermittelung, durch mein eifriges Bestreben, Verzeihung von der Unglücklichen zu erhalten."

Clav. 413. „... das hätte dich auf die Erwerbung eifriger, auf die Erhaltung aufmerksamer gemacht."

Clav. 387. „ich wünschte, dafs ich einigermassen etwas zu der Vebesserung des Geschmacks in meinem Lande, zur Ausbreitung der Wissenschaften beytragen könnte."

Das Natürlichste wäre sicher die kopulative Verbindung der Satzteile, falls eben die Kraft und der Gehalt derartiger stilistischer Bildemittel nicht bis zur Bedeutungslosigkeit herabgedrückt werden soll. Aus dem Munde des verzückten, leidenschaftlichen Werther hört sich solch ein Sprachgebilde freilich anders an:

W 295. „Wenn ich so bey ihr gesessen bin, zwey, drey Stunden, und mich an der Gestalt, an dem Betragen, an dem himmlischen Ausdruck ihrer Worte geweidet habe ..."

W 331. „O dafs ich launisch seyn könnte, könnte die Schuld auf's Wetter, auf einen dritten, auf eine fehlgeschlagene Unternehmung schieben; ..."

Wenn nun auch jedes sprachliche Kunstmittel von dem wahren Künstler instinktiv angewendet wird, ohne theoretische Konstruktion und Kritik, so darf er doch mit nichten Willkür walten lassen, und dies und das so oder so ausdrücken, weil es ihm der Augenblick eingiebt, während der Gedankengehalt seines Gegenstandes einen stärkeren oder schwächeren, schlichteren oder volleren sprachlichen Ausdruck verlangt. Für die Beurteilung vieler Eigenheiten des Clavigostils ist das Festhalten an diesem fundamentalen Satze schriftstellerischer Thätigkeit von entscheidender Wichtigkeit.

Infinitive im Asyndeton.

Nach folgenden Typen läfst der junge Goethe Infinitive in das Asyndeton gelangen:

U 82. „Ich kann die Bande des Rächers nicht lösen, seine Riegel nicht öffnen."

E 514. „Ich sah ihn zurückweichen, erblafsen, ich hatte sein Herz mit Füfsen getreten."

S 671. „Hab das Herz nicht dir den Dolch in die Brust zu stofsen, und will dich heimlich vergifften, ermorden! Stella!"

Br. II 94. „Läss'st, wie ich höre, auch allda
Agiren, tragiren Komödia . . ."

Br. I 140. „. . . das werde ich dencken, sie ansehen, mich freuen dafs ich halb und halb glauben kann dafs sie mich liebt, und wieder gehen."

U 2. Ach könnt ich doch auf Berges Höhn,
In deinem lieben Lichte gehn
Um Bergeshöhl mit Geistern schweben
Auf Wiesen in deinem Dämmer weben
Von all dem Wissensqualm entladen
In deinem Thau gesund mich baden."

Br. III 89. „Es bleibt ewig wahr: Sich zu beschränken, Einen Gegenstand, wenige Gegenstände, recht bedürfen, so auch recht lieben, an ihnen hängen, sie auf alle Seiten wenden, mit ihnen vereinigt werden, das macht den Dichter, den Künstler — den Menschen —"

B 64. „Ich mag mir vorlügen, ihn hassen, ihm widerstreben."

Mis II 460. „Sobald eine Nation polirt ist, sobald hat sie conventionelle Wege, zu denken, zu handlen, zu empfinden . . ."

S 650. „Ich sah' die Tochter in's Posthaus gehn, wieder kommen, zur Mutter reden . . ."

K 593. „An deinem Bette liegen, um dich weinen, wehklagen möcht' ich, Pedro!"

Mis II 439. „Es ist recht löblich, ein polnischer Jude seyn, der Handelschaft entsagen, sich den Musen weihen, Deutsch lernen, Liederchen ründen . . ."

Auch für diese infinitivischen Asyndeta hat „Clavigo" eine Vorliebe, indem er von 25 Fällen 9 für sich beansprucht. Einige dieser 9 Stellen näher anzuschauen, wird lohnend sein:

Clav. 384. „Mein Herr! Sie machen diese ungeheure Reise,
Ihre Schwester zu retten, zu rächen."

Dieser Ausspruch Buenkos war schon früher als Überschwenglichkeit bezeichnet, als Ausfluſs des Memoirestils; zu dem dort Ausgeführten merke ich hier noch an, daſs die asyndetischen Infinitive die Emphase noch vergröſsern.

Ganz im Sinne der gemachten, unaufrichtigen Situation ruft Clavigo:

> Clav. 407. „... und wollen wir uns strafbar machen, indem wir diese Gelegenheit von uns stossen, all das Vergangene herzustellen, eine zerrüttete Familie wieder aufzurichten, die heldenmüthige That eines edlen Bruders zu belohnen, und unser eigen Glück auf ewig zu befestigen?"

Ebenso, immer asyndetisch — beachte „meinen Schmerz, meine Reue" —:

> Clav. 407. „Ich hätte mich zu deinen Füssen werfen, stumm meinen Schmerz, meine Reue ausweinen wollen. Du hättest mich ohne Worte verstanden..."

Ich sehe darin nichts als einen rhetorischen Kunstgriff: es scheint dadurch den Worten ein tiefer Inhalt gegeben zu werden, als kämen sie so recht aus dem Innersten der Seele und der Redende könne die Bedeutsamkeit des Gesagten nicht genug betonen. Die Häufigkeit der Erscheinungen macht den Beobachter aber vorsichtig, er gewöhnt sich daran, allemal einen guten Teil des anscheinenden Erfolges auf Rechnung der rhetorischen Mache zu setzen und so gewissermaſsen stets eine Reduktion des Gegebenen vorzunehmen.

Man wird ganz notwendig dazu geführt, wenn man gleich wieder in einer Scene liest:

> Clav. 410. „... die bey deinem lebhaften empfindlichen Charakter, das Elend deines Lebens machen, dich vor der Zeit in's Grab bringen muſs."

> Clav. 413. „Du bist ungerecht, du setzest meinen Zustand zu tief herab; und glaubst du denn, daſs ich mich nicht weiter treiben, nicht auch noch mächtige Schritte thun kann?"

> Clav. 416. „Ich strebte munter zu seyn, wieder vor denen Menschen, die mich umgaben, den Glücklichen zu spielen, es war alles vorbey, alles so steif, so ängstlich!"

Daſs Partizipien asyndetisch aufeinander folgen, kann ich aus dem „Clavigo" mit keinem einzigen Beispiel belegen. Die ich hier einrücke, aus den anderen Werken stammend, gebe ich wiederum lediglich der Vollständigkeit halber.

Br. II 230. „Ich komme doch wieder ich fühle Sie können ihn tragen diesen zerstückten, stammelnden Ausdruck wenn das Bild des Unendlichen in uns wühlt."

W 238. „Ich will nicht mehr geleitet, ermuntert, angefeuret seyn...."

Mis II 440. „.... er ist an den lieben Geschöpfen so hingestrichen, hat sie einmal amüsirt, einmal ennuyirt, geküſst, wo er ein Mäulchen erwischen konnte."

Mis III 464.
„Da ist ein Augenblick der alles erfüllt.
Alles was wir geseht, geträumt, gehofft,
Gefürchtet, Pandora,
Das ist der Tod!"

B 181. „Georg Metzler ist lebendig verbrannt, die andern gerädert, enthauptet, geviertheilt."

Mis II 452. „O ihr groſse Griechen! und du, Homer! Homer! doch so übersetzt, commentirt, extrahirt, enucleirt, so sehr verwundet, gestoſsen, zerfleischt, durch Steine, Staub, Pfützen geschleift, getrieben, gerissen...."

U 1. „Mit Gläsern Büchsen rings bestellt
Mit Instrumenten vollgepfropft
Uhrväter Hausrath drein gestopft..."

W 365. „Ich stürzte neben das Grab hin Ergriffen, erschüttert, geängstet, zerrissen mein Innerstes, aber ich wuſste nicht, wie mir geschah, mir geschehen wird "

Die bisher der Erörterung unterworfenen Asyndeta zeigten sich in einzelnen Redeteilen: in Substantiven, Adjektiven, oder in Formen des Verbum infinitum: in Infinitiven und Partizipien. Nunmehr kann sich die Betrachtung dem zuwenden, was die Stilistik im engeren Sinne unter Asyndeton versteht: es sind die asyndetischen Sätze.

Den Anfang bilde der nackte Satz im Asyndeton. Die 57 vorhandenen Beispiele genügen, um über seinen Bau Klarheit zu gewinnen.

In gebundener Sprache kommt dieses Asyndeton am häufigsten vor; es ist hier sehr wirkungsvoll:

Mis I 290.
„Sie hört den tönenden Schild,
Sie geht, sie steht, sie stutzet, ein Lamm,
Erhebt die Stimme; die sinkt hinunter — —
Sie sah ihn im glänzenden Stahl,
Der schimmert zum Brande der Sterne — —
Sie sah ihn in dunkler Locke,
Die stieg im Hauche des Himmels — —
Sie wandte den Schritt in Furcht:"*)

U 5.   „Es wölkt sich über mir.
Der Mond verbirgt sein Licht!
Die Lampe schwindet!
Es dampft! Es zucken rothe Stralen
Mir um das Haupt. Es weht
Ein Schauer vom Gewölb herab
Und fafst mich an."

U 76.   „Mir wird so eng
Die Mauern Pfeiler
Befangen mich
Das Gewölbe
Drängt mich! — Lufft!"

Das ganze Spinnrockenlied ist asyndetisch; und eben darauf beruht nicht zum wenigsten der wundersame, ewig junge Zauber dieser Strophen, die die Seele in ihrer tiefsten Tiefe ergreifen und die wonnevollen Empfindungen des holdseligen Mädchens mit unnachahmlicher Innigkeit und tiefinnerlicher Wahrheit widerspiegeln:

---

*) In diesem und anderen Beispielen stehen neben den nackten auch bekleidete asyndetische Sätze: durch die Entfernung der Mischung wäre teils ein verständnisloses Bruchstück entstanden, teils hätte auf die lehrreiche Vorführung komplizierterer asyndetischer Bildungen verzichtet werden müssen.

U 63.
"Meine Ruh ist hin
Mein Herz ist schweer
Ich finde sie nimmer
Und nimmer mehr.
. . . . . .
Mein armer Kopf
Ist mir verrückt,
Mein armer Sinn
Ist mir zerstückt.
. . . . . .
Nach ihm nur schau ich
Zum Fenster hinaus
Nach ihm nur geh' ich
Aus dem Haus.
Sein hoher Gang
Seine edle Gestalt
Seines Mundes Lächeln
Seiner Augen Gewalt

Und seiner Rede
Zauberfluss
Sein Händedruck
Und ach sein Kuss."
. . . . . .

Beinahe dithyrambische Tonart redet:
Mis II 24. "Himmlische Lippe!
und ich wanke, nahe mich,
blicke, seufze, wanke
Seligkeit! Seligkeit!
Eines Kusses Gefühl?"

Köstlich malt der Dichter das Treiben des Geflügels in Lilis Park in diesen lebendigen, asyndetischen Fügungen:
Mis III 187.
"Sie hat darin die wunderbarsten Thiere,
Und kriegt sie 'rein, weifs selbst nicht wie.
O wie sie hüpfen, laufen, trappeln,
Mit abgestumpften Flügeln zappeln, . . ."

... „Da geht's an ein Picken,
An ein Schlürfen, an ein Hacken;
Sie stürzen einander über die Nacken,
Schieben sich, drängen sich, reifsen sich,
Jagen sich, ängsten sich, beifsen sich, ..."

So gehäufte Asyndeta dieser Gattung sind nun allerdings in gebundener Rede nicht oft zu belegen; gewöhnlich sind nur zwei oder drei Sätze im Asyndeton:

Mis III 171.
„Er spitzt die Nas er sturt sie an
Betracht sie rüber hinüber ..."

U 83. „Schweben auf und ab. Neigen sich beugen sich."

U 88. „Sie winkt nicht sie nickt nicht, ihr Kopf ist ihr schweer."

Mis III 463.
„Wie jedes Glied gerührt von Sang und Spiel
Bewegte, regte sich,
Ich ganz in Melodie verschwamm."

K 554. „Zwar verstellen sich die Schlechten,
Bliken, seufzen wie die Rechten;
Doch das geht so lang nicht an."

Dafs der junge Goethe als Rezensent der „Frankfurter Gelehrten Anzeigen" kein gelinder Kritiker ist, beweisen die nachfolgenden Proben mit ihren förmlich übereinander polternden und purzelnden Sätzen und Sätzchen:

Mis II 426. „Man schiefst, sticht, heult, zankt, fällt in Ohnmacht und auf die Knie, spricht Sentenzen, versöhnt sich, und, wie am Schlufs versichert wird, alle bezeugen ihre Freude, dafs der Vorhang zufällt."

Mis II 416. „Aber ins neue Arbeitshaus mufs er, wo alle unnütze und schwatzende Schriftsteller morgenländische Radices raspeln, Varianten auslesen, Urkunden schaben, tironische Noten sortieren, Register zuschneiden und andre dergleichen nützliche Handarbeiten mehr thun."

Wo dieses Asyndeton sonst in ungebundener Darstellung auftritt, ist es ganz vereinzelt so sehr gehäuft wie in diesen Rezensionen; ich kann es wenigstens nur noch mit zwei Beispielen verbürgen, einem aus W:

W 369. „Der Tisch ward gedeckt, und eine gute Freundinn, die nur etwas zu fragen kam und die Lotte nicht wegliefs, machte die Unterhaltung bey Tische erträglich, man zwang sich, man redete, man erzählte, man vergafs sich."

Das andere gehört dem „Clavigo" an:

Clav. 415. „Man fragt, man guckt, man geht zu gefallen, man wartet, man ist ungeduldig, erinnert sich immer des stolzen Clavigos." . . .

Das Staunen, Tuscheln, Köpfezusammenstecken der feinen Madrider Gesellschaft könnte Carlos gar nicht drastischer veranschaulichen, als es in diesen knappen, hurtig schreitenden, regen asyndetischen Gefügen geschieht. Ebenso spricht sich in dem kurzen „ich frage, ich höre" des Folgenden die Entschlossenheit des Redenden recht gut aus:

Clav. 397. „Gut denn ich gebe nach! Aber keinen Augenblick länger. Ich komme von Aranjuez, ich frage, ich höre! Und hat man Ihnen nicht vergeben, wie ich denn hoffe, wie ich's wünsche! Gleich auf, und mit dem Zettel in die Druckerey."

An Beispielen asyndetischer Formationen des **bekleideten Satzes** fand ich etwa 60. Der gebundenen Rede gehören wenige an:

U 72.
„Das war ein gespazieren
Auf Dorf und Tanzplatz führen
Musst überall die erste seyn.
Curtesirt ihr immer mit Pastetgen und Wein.
Bildt sich was auf ihre Schönheit ein.
War doch so ehrlos sich nicht zu schämen
Geschenke von ihm anzunehmen.
War ein Gekofs und ein Geschleck,
Ja da ist dann das Blumgen weg."

Mis III 230.

"Er säh sie redten durch die Nasen
Hätten Bäuche sehr aufgeblasen
Wären unfreundlich grob und lüderlich
Schnautzten und bissen sich unbrüderlich
Lebten ohne Religion und Gott"...

Mis III 218.

... "Der hat uns Kopf und Sinn verwandt
Sagt wir wären unordentleich
An Sinn und Rumor den Studenten gleich
Könnt unsre Haushaltung nicht bestehen
Müfsten alle ärschlings zum Teuffel gehen"...

Mis III 196.

"Ach Herr man krümt und kramt sich zo
Zabelt wie eine Laus hüpft wie ein Floh."

Mis III 229.

"Das weifs ich wohl mein liebes Kind
Die Kerls sind vom Teuffel besessen
Schnopern herum an allen Essen
Lecken den Weiblein die Ellenbogen
Stellen sich gar zu wohlgezogen
Nisten sich ein mit Schmeicheln und Lügen
Wie Filzläus, sind nicht herauszukriegen"...

Den Rezensionen konnten wieder mehrere Fälle entnommen werden:

Mis II 463. "eine Seele, die, in dem grofsen Traum von Weltall, Sonnendonnern und Planetenrollen verlohren, sich über das Irdische hinauf entzückt, Erden mit dem Fufs auf die Seiten stöfst, tausend Welten mit einem Finger leitet"

Mis II 431. "Durchaus werden die Gesetze en gros behandelt, alle Nationen und Zeiten durcheinander geworfen, unsrer Zeit solche Gesetze gewünscht und gehofft, die nur einem erst zusammengetretenen Volk gegeben werden konnten."

Mis II 446. "Ich aber", ruft er, "bring euch ins Heiligthum; nicht nur zu ihm, auf seinen Schoofs setz ich euch, in seine Arme leg ich euch! Herbey, ihr Kindlein!"

Ein paar recht instruktive Belege enthält E:

E 510. „Er wird herumirren, er wird Mangel leiden, er wird in Noth kommen, er wird kümmerlich sein Brod verdienen, wird unter die Soldaten gehn."

E 517. „Ich zerstudirte mich nach der Sonne, stieg ab, führte mein Pferd durch unwegsames Gebüsch, zerkratzte mich in den Sträuchern, zerstolperte mich"...

Der Rest verteilt sich in der Hauptsache wieder auf Br, W und Clav.:

W 363. „Die ganze Gewalt dieser Worte fiel über den Unglücklichen, er warf sich vor Lotten nieder in der vollen Verzweiflung, fafste ihre Hände, druckte sie in seine Augen, wider seine Stirn, und ihr schien eine Ahndung seines schröcklichen Vorhabens durch die Seele zu fliegen."

W 242. „Dafs aber auch Erwachsene, gleich Kindern, auf diesem Erdboden heruntaumeln, gleichwie jene nicht wissen, woher sie kommen und wohin sie gehen, eben so wenig nach wahren Zwecken handeln, eben so durch Biskuit und Kuchen und Birkenreiser regiert werden, das will niemand gern glauben"...

W 298. „Lotte trat hinein und setzte sich, Albert neben sie, ich auch, doch meine Unruhe lies mich nicht lange sitzen, ich stand auf, trat vor sie, gieng auf und ab, setzte mich wieder, es war ein ängstlicher Zustand."

W 262. „Sie lief zu ihm hin, nöthigte ihn sich niederzusetzen, indem sie sich zu ihm setzte, brachte viele Grüsse von ihrem Vater, herzte seinen garstigen schmuzigen jüngsten Buben, das Quakelchen seines Alters."

W 288. „... hätte er gewartet, bis sich seine Kräfte erhohlt, seine Säfte verbessert, der Tumult seines Blutes gelegt hätten",...

So oft wie in W steht dieses Asyndeton im „Clavigo" nicht, aber doch oft genug, um sich, in diesem Zusammenhange wenigstens, der Erwähnung aufzudrängen.

Von dem abgeschmackten Wust:
> Clav. 428. „Ich schnaube nach seiner Spur, meine Zähne gelüstet's nach seinem Fleische, meinem Gaumen nach seinem Blute."

war schon an anderer Stelle die Rede.

Gegen diesen Mifsbrauch in Form und Gedanken hebt sich vorteilhaft ab die folgende Äufserung des Carlos:
> Clav. 378. „Auch sag ich ihnen nicht so viel schöne Sachen, röste mich nicht Monate lang an Sentiments und dergleichen" ...

Um so langatmiger und überladener erscheint dagegen:
> Clav. 421. „Wenn ich ihn nur peinlich anklage, dafs er heimlich nach Madrid gekommen, sich bey dir unter einem falschen Nahmen mit einem Helfershelfer anmelden lassen, dich erst mit freundlichen Worten vertraulich gemacht, dann dich unvermuthet überfallen, eine Erklärung dir abgenöthigt und sie auszustreuen weggegangen ist."

Dieses vielgliedrige Asyndeton entbehrt derjenigen gefälligen Schmiegsamkeit und flüssigen Geschlossenheit, deren eine Satzbildung um so mehr bedarf, je weiter sie sich ausdehnt. Im allgemeinen freilich läfst sich beobachten, dafs Goethe in den Werken dieser Periode überhaupt in Poesie und Prosa kürzeren Satzbildungen den Vorzug giebt. Wo er aber weitgegliederte Perioden bildet, pflegt er ihnen sonst leichten Flufs und Glätte zu verleihen, so dafs die unbeholfene Schwerfälligkeit und saloppe Verknüpfung des oben citierten Passus aus Clav. um so mehr auffällt. Man vergleiche nur Bildungen wie:
> Mis II 462. „Wie so gar anders würden oft seine Urtheile ausgefallen seyn, wenn er sich heruntergelassen hätte, den Mann in seiner Familie, den Bauern auf seinem Hof, die Mutter unter ihren Kindern, den Handwerksmann in seiner Werkstatt, den ehrlichen Bürger bey seiner Kanne Wein und den Gelehrten und Kaufmann in seinem Kränzchen oder seinem Caffeehaus zu sehen!"

> Mis II 476. „Gott erhalt unsre Sinnen, und bewahr uns vor der Theorie der Sinnlichkeit, und gebe jedem Anfänger

einen rechten Meister! Weil denn die nun nicht überall
und immer zu haben sind, und es doch auch geschrieben
seyn soll, so gebe uns Künstler und Liebhaber ein περὶ ἑαυτοῦ
seiner Bemühungen, der Schwürigkeiten, die ihn am meisten
aufgehalten, der Kräfte, mit denen er überwunden, des Zu-
falls, der ihm geholfen, des Geists, der in gewissen Augenblicken über ihn gekommen und ihm auf sein Leben er-
leuchtet, bis er zuletzt, immer zunehmend, sich zum mäch-
tigen Besitz hinaufgeschwungen und als König und Über-
winder die benachbarten Künste, ja die ganze Natur zum
Tribute genötigt."

In dem letzten Beispiel hat sich Goethe ganz am Schluſs auch die Freiheit erlaubt, das Hilfszeitwort auszulassen; aber die Durchsichtigkeit des Satzgebäudes wird auch nicht um ein biſschen dadurch getrübt. Jene umständlichen Asyndeta des Carlos dagegen geben auch in der Hinsicht Anlaſs zur Klage: Das gänzliche Fehlen des Hilfszeitwortes macht mehrfache Überlegung notwendig, weil nämlich bald „ist" bald „hat" weggefallen ist.

Stilistische Bedenken erregt auch nachstehende Stelle:

Clav. 403. „Fühlt' ich, daſs du ihn verachtetest, daſs er dir
gleichgültig wäre, wollt ich kein Wort weiter reden, sollt' er
mein Angesicht nicht mehr sehen."

Darin liegt eine übermäſsige Beschwerung dessen, was zu sagen ist und was die Sachlage überhaupt erfordert an Versinnlichung des Gedankens durch die Sprache. Hinter „reden" sollte der Satz zu Ende sein, dann wäre der Ausdruck einfach; doch diese Menschen müssen paradieren! müssen affektieren! Aber das anaphorische „daſs" läſst doch wirklich noch Rhetorik genug zurück, und zur vollständig naturgemäſsen Schlichtheit der Sprache einer einfachen Bürgersfrau wäre die Redende doch noch nicht genötigt gewesen, selbst wenn sie auf das weitere Asyndeton Verzicht geleistet hätte!

Daſs hier in der That Künstelei und Manier vorliegt, scheint mir insbesondere daraus klar zu werden, daſs sämtliche Handelnden ohne Unterschied der Situation und der Person so sprechen — was sage ich sprechen: deklamieren!

Denn das ist doch weiter nichts als pomphafte Deklamation ohne Kern und ohne Mark:

Clav. 383. „... denn ich seh euch, ich hab euch in meinen Armen, die Gegenwart verdoppelt meine Gefühle, o meine Schwester!"

Clav. 406. „Und bin ich weniger auf einem stürmischen Meere diese Zeit geschwebet, sind unsere Leidenschaften, mit denen wir im ewigen Streit leben, nicht schröcklicher und unbezwinglicher, als jene Wellen, die den Unglücklichen fern von seinem Vaterlande verschlagen?"

Clav. 407. „Kennst du meine Stimme nicht mehr? vernimmst du nicht mehr den Ton meines Herzens? Marie! Marie!"

Künstelei und prätenziöse Tonart wohnt auch dem folgenden Ergusse des Clavigo inne:

Clav. 378. „Ich liebte sie warlich, sie zog mich an, sie hielte mich, und wie ich zu ihren Füssen sas, schwur ich ihr, schwur ich mir, dafs es ewig so seyn sollte, dafs ich der Ihrige seyn wollte, so bald ich ein Amt hätte, einen Stand – Und nun, Carlos!"

Die Sprache soll beredt sein; es ist aber eine kahle, leblose Beredsamkeit, der das innerlich treibende Element fehlt. Es macht so den Eindruck, als habe der Autor verschiedene Schubfächer, die bestimmte rhetorische Mittelchen bergen und die er aufzieht, wenn das eine oder andere Erfolg hoffen läfst: So wird denn ein innerlich laborierender Passus mit solchen Rezepten vollgepfropft; er kann sie aber nicht in sich verarbeiten, und nun wird das Ganze aufgetrieben und aufgedunsen.

Lediglich eine Übersicht von Beispielen asyndetischer Wort- oder Satzerscheinungen stelle ich an den Schlufs dieses Kapitels, und zwar in zwei Gruppen: die erste bringt Asyndeta zur Anschauung, deren asyndetischer Charakter modifiziert wird durch kopulatives „Und" zwischen den beiden letzten Gliedern:

Clav. 392. „Ihre Schwester, Donna Maria, ist ein Frauenzimmer voll Geist, Liebenswürdigkeit und Tugend."

Clav. 405. „Durch all die Mauern, die ihn umschliessen, die Wachen, das Ceremoniel, und all das, womit die Hof-

Clav. 419. .... „und so geniesse das Glück einer ruhigen Beschränkung, den Beyfall eines bedächtigen Gewissens und alle Seligkeit, die denen Menschen gewährt ist"...

Clav. 391. „Endlich nach sechs Jahren Harren, ununterbrochener Freundschaft, Beystand und Liebe von der Seite des Mädchens; Ergebenheit, Dankbarkeit, Bemühungen, heilige Versicherungen von der Seite des Mannes erscheint das Amt   und er verschwindet —"

Clav. 401. „Ich hoffe, all das Vergangene zu tilgen, das Zerrüttete wiederherzustellen, und so in meinen Augen und in den Augen der Welt wieder zum ehrlichen Mann zu werden."

Clav. 418. „Es ist nichts erbärmlicher in der Welt, als ein unentschlossener Mensch, der zwischen zween Empfindungen schwebt, gern beyde vereinigen möchte, und nicht begreift, daß keine andere Vereinigung ihrer möglich ist, als eben der Zweifel, die Unruhe, die ihn peinigen."

Die zweite Gruppe enthält Asyndeta, in denen mehrere der verschiedenen besprochenen Formen asyndetischer Gebilde unmittelbar nebeneinander verwendet sind:

Clav. 417. „Ha! das all all! sich in den Augen der Welt verächtlich zu machen, und nicht einmal dadurch eine Leidenschaft, eine Begierde befriedigen, dir muthwillig eine Krankheit zuziehen, die, indem sie deine inneren Kräfte untergräbt, dich zugleich dem Anblick der Menschen abscheulich macht."

Clav. 412. „Wenn ich nicht schon Vorschläge, Anträge in Händen gehabt hätte, geschrieben von eignen zärtlichen krizlichen Pfötgen",...

Clav. 402. „Hat mich nicht seine Entfernung gekränkt, gemartert? Und nun, den Rückkehrenden, den Reuigen zu meinen Füssen."

 schranzen ihn von seinem Volke geschieden haben, dringen Sie durch, und retten Sie uns."

Clav. 425. „Deine Zunge lügt. Ha! Die Blässe deiner Wangen, das Zittern deiner Glieder, alles spricht und zeugt, dafs du nicht abwarten kannst. Liebe Schwester! (er fafst sie in seine Arme) an diesem klopfenden, ängstlich bebenden Herzen schwör ich dir."

Clav. 431. „Es ist ein Zauberspiel, ein Nachtgesicht, das mich erschröckt, das mir einen Spiegel vorhält, darinn ich das Ende meiner Verräthereyen ahndungsweise erkennen soll."

Clav. 414. „Hast du vergessen, was für Männer dir den Umgang, die Verbindung mit Marien mifsriethen, hast du vergessen, wer dir den klugen Gedanken eingab, sie zu verlassen?"

Clav. 393. „So handelt ein Niederträchtiger, ein Nichtswürdiger. Und also, zuförderst erklären Sie eigenhändig, freywillig, bey offenen Thüren, in Gegenwart Ihrer Bedienten: dafs Sie ein abscheulicher Mensch sind, der meine Schwester betrogen, verrathen, ohne die mindeste Ursache erniedrigt hat, und mit dieser Erklärung ... ich zeige sie, ich lasse sie drucken, und Uebermorgen ist der Hof und die Stadt davon überschwemmt. Ich habe mächtige Freunde hier, Zeit und Geld, und das alles wend ich an, um Sie auf alle Weise auf's grausamste zu verfolgen, bis der Zorn meiner Schwester sich legt, befriedigt ist, und mir Einhalt thut."

Clav. 415. „Sie ist arm, ohne Stand, hätte Clavigo nicht einmal ein Abentheuer mit ihr gehabt, man wüste gar nicht, dafs sie in der Welt ist. Sie soll artig seyn, angenehm, witzig! —"

Clav. 419. „Möge deine Seele sich erweitern, und die Gewifsheit des grofsen Gefühls über dich kommen, dafs aufserordentliche Menschen eben auch darin aufserordentliche Menschen sind, weil ihre Pflichten von den Pflichten des gemeinen Menschen abgehen; dafs der, dessen Werk es ist, eines grofses Ganze zu übersehen, zu regieren, zu erhalten, sich keinen Vorwurf zu machen braucht, geringe Verhältnisse vernachlässigt, Kleinigkeiten dem Wohl des Ganzen aufgeopfert zu haben. Thut das der Schöpfer in seiner Natur, der König in seinem Staate; warum sollten wir's nicht thun, um ihnen ähnlich zu werden?"

Clav. 392. ....,,und der Bruder — bin ich! der alles verlassen hat, Vaterland, Pflichten, Familie, Stand, Vergnügen, um in Spanien eine unschuldige unglückliche Schwester zu rächen. Ich komme bewaffnet mit der besten Sache und aller Entschlossenheit, einen Verräther zu entlarven, mit blutigen Zügen seine Seele auf sein Gesicht zu zeichnen und der Verräther bist du!"

Bemerkungen im einzelnen zu diesen Beispielen unterlasse ich. Ich habe mit guter Absicht die ganze vorliegende Darlegung mit einer solchen förmlichen Musterkarte asyndetischer Erscheinungen geschlossen, damit man sich der ganzen Art zu schreiben recht lebhaft bewufst werde. Und so, meine ich, empfindet man ganz klar, dafs im „Clavigo" ein Übermafs dieser Asyndeta vorhanden ist, und dafs dieses Übermafs zum gut Teil mit beiträgt, im einzelnen Falle dem Ausdruck jene übertrieben rhetorische Färbung zu geben, die ich in ihrem letzten Grunde vornehmlich auf die französische Quelle und die Diktion der Empfindsamkeit und des Sturm und Drang zurückführte.

VI. Kapitel.
Die Anaphora.

509 Beispiele anaphorischer Bildungen traf ich in folgender Verteilung auf die einzelnen Werke:

		Asyndeton	Polysyndeton
U	35	27	10
B	31	14	8
W	67	107	32
E	30	10	9
S	26	35	6
Mis	160	183	48
K	35	12	7
Clav.	75	76	7
	509	464	127

Rücksichtlich der Beziehung des Asyndetons zur Anaphora dürfte mifsverständlicher Auffassung durch die Erwägung begegnet werden, dafs die Anaphora gemäfs ihrer sprachlichen Struktur stets etwas Asyndetisches in sich trägt; ohne das kann diese Stilbildung schlechthin nicht geformt werden. Beliebige Beispiele beweisen es:

Clav. 416. „... ihr Liebhaber habt keine Augen, keine Nasen."

Das Anaphorische liegt in dem wiederholten „keine"; ohne Anaphora würde der Satz lauten: „... ihr Liebhaber habt keine

Ohren und Nasen." Zugleich ist natürlich das „keine Ohren, keine Nasen" ein Asyndeton.
Ferner:
Clav. 412. „ . . . aber mit seinem Geist, mit seinen Gaben ist es unverantwortlich — ist es unmöglich, dafs er bleibt was er ist."

In diesem Satze ist die Anaphora „ist es . . . ist es" zugleich auch wieder ein Asyndeton. Das leuchtet ein. Ich ging auch nur darauf ein, um zu bemerken, dafs ich durchaus konsequent alles, was in irgendeiner Beziehung Kennzeichen anaphorischer Bildung aufweist, in die Rubrik der Anaphora eingereiht habe; selbst in den Fällen, wo die Anaphora fast tonlos schwach ist, indem z. B. im Satzanlaut nur durch wiederholte Voranstellung des gleichen Hilfszeitwortes eine Anaphora entsteht und man wirklich schwanken kann, ob man sich nun für Anaphora oder Asyndeton entscheiden soll, habe ich, um der Konsequenz willen, stets erstere angenommen. Wer es darauf anlegte, könnte somit wohl die einen oder anderen Beispiele meiner Mustersammlung entfernen und mit ihnen die Zahlen für das Asyndeton steigern. Jedenfalls wird durch diese Thatsache die Zahlendifferenz zwischen Asyndeton und Anaphora (464 : 509) noch bedeutungsloser, und ich darf behaupten: beide kommen beim jungen Goethe etwa gleich häufig vor. In der Verteilung auf die einzelnen Werke indessen finden nicht unwesentliche Verschiebungen statt: W und Mis verlieren hinsichtlich des Vorkommens der Anaphora; das kommt am stärksten E und K zu gute, wo die Zahlen verdreifacht werden. In B und S tritt die Anaphora doppelt so häufig auf als das Asyndeton; U zeigt eine geringe, „Clavigo" gar keine Veränderung, in der Zahl heifst das für „Clavigo", denn diese Zahl hat eine andere Bedeutung bekommen durch den Rückgang im W: Clav. und S enthalten dadurch die meisten Fälle von Anaphora (wobei natürlich immer hinsichtlich E der Unterschied im äufseren Umfange nicht unberücksichtigt gelassen werden darf).

Die Anaphora gehört ja mit der Epiphora und Geminatio zu dem Oberbegriff Iteratio, indem je nach der Form der Wiederholung jene Unterbegriffe Geltung bekommen. Die

Anaphora selber wieder hat auch verschiedene Gestalt; betrachten wir nunmehr zuerst diejenige näher, welche gefunden wird im Satzteilanlaut.

Ich behalte mein schon angewandtes Verfahren bei, nämlich die bunten verschiedenen Erscheinungsformen dieser Art der Anaphora nach den einzelnen Wortklassen, in deren Wiederholung das Anaphorische enthalten ist, zur Anschauung zu bringen.

Adjektive in der Anaphora des Satzteilanlautes.

Beispiele sind spärlich vertreten:

Mis I 266. „Kleine Blumen, kleine Blätter
Streuen mir mit leichter Hand
Gute junge Frühlingsgötter
Tändelnd auf ein luftig Band."

Mis II 495. „Jedes grofse Genie hat seinen eignen Gang, seinen eignen Ausdruck, seinen eignen Ton, sein eignes System . . ."*)

Das Pronomen in der Anaphora ist um so zahlreicher vorhanden:

Clav. 401. „Meine ganze Hofnung, meine ganze Glückseligkeit ruht auf dem Gedanken, ihre Vergebung zu erhalten."

Clav. 403. „. . . ich bitte dich, halt' diese Bangigkeit, diese Verlegenheit, die dir alle Sinnen zu übermeistern scheint, nicht für eine Wirkung des Hasses . . ."

Clav. 394. „Und da wäre kein Weg, kein Mittel, als Tod — oder Mord, abscheulicher Mord." —

Br. I 102. „Wie oft hat sie ihre Röthe ihre Verwirrung vor ihrer Mutter zu verbergen eben das getahn, um die Hand schicklich ins Gesicht bringen zu können."

Mis III 187. „Welch ein Geräusch, welch ein Gegacker . . . welch ein Gequick, welch ein Gequacker!"

K. 548. „Der Vater wurd nicht satt, von seinen Streichen, seinen kindischen Heldenthaten erzählen zu hören."

U 79. „Wär mir ganz tugendlich dabey,
Ein bissgen Diebesgelüst ein bissgen Rammeley."

---

*) In diesem Beispiel wird das Adjektiv „eigen" mit dem Pronomen „sein" anaphorisch wiederholt.

VI. Kapitel.

Br. I 138. „Die Schulzen machte die Miss, aber ich konnte nichts sehen, nichts hören. meine Augen waren in der Loge, und mein Herz tanzte."

Die fernere Betrachtung der Anaphora im Satzteilanlaut giebt Veranlassung, auf eine stilistische Schwäche hinzuweisen, die bei dem jugendlichen Autor hinsichtlich gewisser anaphorischer Bildungen sichtbar wird; diese Schwäche nämlich liegt in der lästig **häufigen** Verwendung eines **bestimmten** Wortes in der Anaphora, eine Beobachtung, die natürlich nur möglich wird, wenn einem das gesamte Beispielmaterial nach Rubriken geordnet zur Verfügung steht.

Zu diesen beinahe typisch in der Anaphora wiederkehrenden Wörtern gehört vor allem das Pronomen „all":

Clav. 382. „ . . . ich sah ihn, wie er zu den Füssen seiner neuen Geliebten all die Freundlichkeit, all die Demuth verschwendete, mit der er mich vergiftet hat, . . ."

Clav. 386. „In einem fremden Königreiche, wo all Ihre Beschützer, all Ihr Geld nicht im Stande ist . . ."

Clav. 395. „Ich fürchtete, all meine Pläne, all meine Aussichten auf ein ruhmvolles Leben durch diese Heurath zu Grunde zu richten.

Dem reihe ich folgende Belege aus den übrigen Werken an:

K 550. „Alle Freuden, alle Gaben
Die mir heut gehuldigt haben,
Sind nicht dieser Blumen werth."

K 544. „Hast du bemerkt, dafs all der Triumph, all die Herrlichkeit heute, sie mehr in Verlegenheit sezte, als erfreute?"

E 520. . . . .
„Früh zu meinem Garten gieng,
Alle Blühten, alle Früchte
Noch zu deinen Füfsen trug . . ."

S 652. „Wie vor ihrer Gegenwart alles heiter wird, alles frei!" —

W 267. „Alle Geschenke, alle Gefälligkeiten der Welt ersetzen nicht einen Augenblick Vergnügen an sich selbst . . ."

Mis II 232. „.... alle dunkle, alle seinem System widrige Stellen ..."

W 273. „Und doch wenn sie von ihrem Bräutigam spricht mit all der Wärme, all der Liebe, ..."

Mis III 187. „Alle Bäume, alle Büsche
Scheinen lebendig zu werden:"

E 535. „Fühlet alles Glücke
Alles Lebens hier."

Mis III 184. „Zu Erinnerung guter Stunden,
Aller Freuden, aller Wunden,
Aller Sorgen, aller Schmerzen ..."

Das Adverb in der Anaphora giebt Veranlassung, das typische Auftreten gewisser anaphorischer Iterationen des weiteren zu beobachten. Lehrreich ist die Verwendung des Adverbs „so":

Clav. 376. „Wir Spanier wenigstens haben keinen neuren Autor, der so viel Stärke des Gedankens, so viel blühende Einbildungskraft mit einem so glänzenden und leichten Styl verbände."

S 628. „... so neu, so bedeutend ist mir alles."

S 624. „Es ist unbegreiflich, wie sie so unglücklich seyn kann, und dabei so freundlich, so gut."

S 637. „... das wirkte alles auf mich so gut, so freundlich ..."

S 657. „Bin ich's? die Zerschlagene! die Zerrissene! die in dem geltenden Stand so ruhig, so muthig ist?"

S 665. „... es ist so licht, so offen um mich her, — —"

S 668. „... sie weinte viel um mich, da ich so krank, so liebeskrank war."

S 677. „So kalt, so grafs liegt alles vor mir —"

B 147. „... wenn du eine so ehrliche, so edle That gethan hättest, wie die ist, um welcher willen ich gefangen sitze."

W 244. „So vertraulich, so heimlich hab ich nicht leicht ein Plätzchen gefunden ..."

W 284. „Ihr steht so gelassen, so ohne Theilnehmung da ..."

E 519. „Ein Schauspiel für Götter,
Zween Liebende zu sehn!
Das liebste Frühlingswetter
Ist nicht so warm, so schön."

Mis III 452. Und so mit dir und mir
So ein, so innig
Ewig meine Liebe dir!

Br. I 252. „... so ein wahrer Trost, so ein geflügeltes Pferd, für mich."

Mis II 434. „Warum sind die Gedichte der alten Skalden und Celten und der alten Griechen, selbst der Morgenländer so stark, so feurig, so grofs?"

U 49. „Hat er so aller Treu, so aller Lieb vergessen,
Der Plackerey bey Tag und Nacht."

U 68. „Mir wirds so wohl in deinem Arm
So frey, so hingegeben warm; ..."

Man mufs nur bedenken, eine wie unendliche Fülle von Einzelbildungen dem Dichter zu Gebote gestanden hätte, welch bunte Mannigfaltigkeit! Dann ist es doch zu verwundern, einen grofsen Teil der in dieser Gruppe abzuhandelnden anaphorischen Gebilde in solchen zu öfteren Malen wiederkehrenden Wörtern zu finden.

Ein solches oft anaphorisch verwendetes Adverb ist auch „immer":

Br. III 71. „Sie sind sich immer gleich, immer die unendliche Lieb und Güte."

W 268. „Sie ist immer um ihre sterbende Freundinn, und ist immer dieselbe, immer das gegenwärtige holde Geschöpf, ..."

E 522. „Immer noch in deiner Klause, immer noch fest entschlossen, der Welt abzusagen?"

Br. I 236. „Wir sind wie Kinder auf dem Schaukelpferde immer in Bewegung, immer in Arbeit, und nimmer vom Fleck."

S 617. „Ein Wirthspursche mufs immer munter, immer allert seyn."

S 630. „... und ist, ohngeachtet ihres innern Schmerzens, immer freundlich, immer angenehm."

S 677. „Von einem Ende zum andern! durchgedacht! und wieder durchgedacht! Und immer quälender! immer schröklicher!"

Dem folge eine Darstellung **anderer Partikeln** in der Anaphora des Satzteilanlautes:

Die Negation „**nicht**":

E 525. „Wenn ich nicht umkommen, nicht an meiner ewig zurückgetriebenen Leidenschaft ersticken wollte!"

E 526. „Nicht wild, nicht wirre!"

Mis II 3. „Wen du nicht verlässest Genius
Nicht der Regen nicht der Sturm
Haucht ihm Schauer übers Herz..."

S 627. „Dafs du nichts verräthst! nicht unsern Stand, nicht unser Schiksal."

Clav. 433. „Ich fürchte deine glühende Augen nicht, nicht*) die Spitze deines Degens! sich hier her; dieses geschlossene Aug, diese gefaltenen Hände!"

Die Präposition „**ohne**":

Clav. 377. „Hab ich's für einen Fremden, der ohne Stand, ohne Namen, ohne Vermögen hieher kam, nicht weit genug gebracht?"

Mis III 483. „Im verschlofsnen Hafs die Elemente tosend,
Und Kraft an Kräften widrig von sich stofsend,
Ohne Feinds-Band, ohne Freunds-Band,
Ohne Zerstören, ohne Vermehren."

Br. I 139. „Schon das dritte Blat. Ich könnte dir tausend schreiben, ohne müde zu werden. Ohne fertig zu werden."

S 634. „Und sie sind ohne Hülfe, ohne Schuz?"

Mis II 451. „... alles übrige ist flaches Gewäsch, ohne einen einzigen allgemeinen Blick, ohne Verstand, ohne Kenntnifs, ohne Laune."

---

*) Eine besondere Form der Iteratio, die, genau genommen, nicht hierher gehört.

VI. Kapitel.

Die Darstellung adverbieller Anaphora wäre unvollständig ohne die Mitteilung folgender Bildungen:

Das Adverb „oft" in der Anaphora:

Mis II 454. „Allerdings wäre in den Mährlein und Liedern, die unter Handwerkspurschen, Soldaten und Mägden herumgehen, oft eine neue Melodie, oft der wahre Romanzenton zu hohlen."

Mis II 502. „Oft spricht der Barde kühn, oft eindringend, oft sanft und zärtlich oft thränend."

„Wieder":

Br. I 139. „Wieder eine neue Feder. Wieder einige Augenblicke Ruhe."

S 648. „Aber diese Augenblike von Wonne in deinen Armen, machen mich wieder gut, wieder fromm."

„Ganz":

S 656. „Können sie Stella verkannt haben? sie, die ganz Liebe, ganz Gottheit ist?"

Br. III 86. „ . . . ganz Mönch, ganz Ritter und ganz Lehrer."

Br. III 82. „Sie ist ganz herrlich, ganz wahr, . . ."

Nicht selten wird durch Wiederholung der Präposition eine Anaphora im Adverbial*) bewirkt:

Br. I 139. „Kennst du einen unglücklicheren Menschen, bey solchem Vermögen, bey solchen Aussichten, bey solchen Vorzügen, als mich, so nenne mir ihn und ich will schweigen."

Br. III 64. „ . . . wenn ich auf all' solche Briefe, auf all' solche Anmahnungen antworten sollte."

Clav. 383. „Seh ich nicht an der zerstörten Gestalt dieser Lieben, an deinen verweinten Augen, deiner Blässe des Kummers, an dem todten Stillschweigen eurer Freunde, dafs ihr . . ."

W 297. „ . . . die mir nun zum letzenmal über dem lieblichen Thale, über dem sanften Flusse untergieng."

---

*) Die bereits mitgeteilten Fälle mit der Präposition „ohne" sind zu vergleichen.

K 544. „Wie kann ich genug ausdrüken, dafs sie Königinn ist über alle meine Besizthümer, über meine Unterthanen, über mich selbst" —

Mis III 190. „Für einen Bären, zu mild,
Für einen Pudel, zu wild, . . ."

Mis II 446. „Wär's nur eine Büste des Altvaters, vor die er euch inzwischen stellte, euch deutete auf der hohen Stirne würdige Runzeln, auf den tiefen Blick, auf das Schweben der Honiglippe, . . ."

Es bleiben mir nur noch einige wenige Beispiele **nur je einmal belegter** Anaphora von Adverbien; mag mit ihnen diese ganze Serie abgeschlossen werden:

B 151. „Ich war schon mehr im Unglück, schon einmal gefangen . . ."

Mis II 199. „Nirgends eine Welt von Nichts
Nirgend Menschen ohne Lieb."

Mis I 79. „Weit von der Welt, weit von den Sternen. . . ."

Mis III 145. „Gerne gönnen wir die schnellste Reise
Gern die hohe Fahrt dir."

Br. III 77. „Hier eine Rose aus meinem Garten, hier ein Paar halbwelcke . . ."

Br. I 139. „Verzeih mir Freund. Ich schreibe warlich im Fieber, warrlich im Paroxismus."

W 292. „Ich sehe nichts, als ein ewig verschlingendes, ewig wiederkäuendes Ungeheur."

U 30. „Wie reif! Wie schön!"

Die Erörterungen dieses Kapitels scheinen bisher das Thema der Arbeit ganz zu verlassen, indem „Clavigo" kaum den Ausgangspunkt bildet, geschweige im Zentrum der Untersuchung steht. Nichtsdestoweniger glaube ich diese Art der Behandlung verantworten zu können. Die Anaphora im **Satzteilanlaut** nämlich bietet „Clavigo" keineswegs in so zahlreichen Fällen, dafs das Trauerspiel in erster Linie für ihre Betrachtung hätte mafsgebend sein können; ja, hätte ich eine eingehendere Untersuchung derselben von der Häufigkeit ihres Vorkommens im „Clavigo" abhängig machen wollen, so brauchte ich sie nur vorübergehend zu streifen. Gleichwie ich es aber vorzog, dem Polysyndeton, zu dem sich der Clavigostil ganz ähnlich verhält, eine tiefer gehende Behandlung zu teil werden zu lassen, konnte ich mich auch, schon im Interesse der Vollständigkeit, zu keiner flüchtigeren Darstellung der Anaphora im Satzteilanlaut entschließen; um so weniger mochte ich mir diese entgehen lassen, weil der so wünschenswerte Vergleich mit der nunmehr zu besprechenden Anaphora im Satzanlaut, mithin der Anaphora κατ' ἐξοχήν, sonst unmöglich gewesen wäre.

Die Anaphora im Satzanlaut.

Die große Zahl von 377 mir zur Verfügung stehenden Belegstellen ermöglicht eine völlig klare Einsicht in den Bau dieses Sprachornaments des jungen Goethe.

Abgesehen nun von der Gruppe Mis, die ihrer Zusammensetzung nach keinen rechten Maßstab abgeben kann, steht „Clavigo" mit 60 Beispielen an der Spitze; ihm schließen sich die übrigen Werke mit folgenden Zahlen an:

U	31
W	53
S	57
K	26
E	25
B	21
	213
dazu Mis	104
Clav.	60
	377

Am einfachsten ist diese Anaphora geformt, wenn ein Wort im Satzanlaut wiederkehrt; so sind bei weitem die meisten dieser 377 Beispiele gestaltet. Dieses eine anaphorische Wort kann jeder Wortklasse angehören. Es ist aber leicht zu begreifen, daß lebendige Abwechselung und bedeutungsvolle Anschaulichkeit nur zu erreichen ist durch die Verwendung von **Substantiven, Adjektiven** und **Zeitwörtern**. Denn die Auswahl unter den übrigen Redeteilen, namentlich Konjunktionen und Fürwörtern, ist an sich eine zu eng begrenzte und ihr begrifflicher Gehalt ist ein zu geringfügiger, als dafs durch ihre anaphorische Verwendung wirklich derjenige Effekt erzielt werden könnte, den auch dieses sprachliche Kunstmittel bewirken mufs, falls es nicht eine reine Angewöhnung oder eine äufserliche Zuthat werden soll.

Anaphorisch gebrauchte Substantive im Satzanlaut sind selten. Im „Clavigo" ist eine Belegstelle:

Clav. 407. „Meine Freunde, um die ich's nicht verdient habe, meine Freunde, die es seyn müssen . . ."

Damit ist zu vergleichen:

S 671. „Stella! die ich in meinen Armen fasse! Stella, die du mir alles bist! Stella!"

Mis III 189. „Ein Zauber bleyt mich nieder. Ein Zauber häkelt mich wieder, — "

W 292. „Da ist kein Augenblick, der nicht dich verzehrte und die deinigen um dich her, kein Augenblick, da du nicht Zerstörer bist, seyn mufst."

W 339. „Vater, den ich nicht kenne! Vater, der sonst meine ganze Seele füllte . . ."

Prüfen wir nun diese Fälle auf ihren inneren Gehalt! Jener Ausruf des Clavigo birgt augenscheinlich am wenigsten davon: „Meine Freunde! . . . meine Freunde! . . ." Freunde im eigentlichen Sinne können ihm die noch durchaus nicht wieder enger angeschlossenen Personen nicht wohl sein; also müssen wir wohl in der Apostrophierung mit „Freunde" eine konventionelle Anredeform erblicken, aus deren anaphorischer Wiederholung nur lauthallende, durch nichts gerechtfertigte Rhetorik erklingt.

Verbale Anaphora ist mit nicht weniger als 93 Beispielen unter den 377 vertreten; Clavigo aber bringt nur 5, er hat dadurch den geringsten Anteil an dieser Bildung, von der ich bereits bemerkte, sie sei neben der von Substantiven und Adjektiven am ehesten geeignet, **eine schöne, gehaltvolle Ana-**

phora zu schaffen. Und nicht einmal diese wenigen 5 Bildungen genügen den Ansprüchen an eine kräftige, wohltönende und mit Bedacht vollzogene anaphorische Formation: Unter den Verben nämlich sind es die Hilfsverben, welche, wollte man, so zu sagen, eine Kraftskala zur Prüfung des Gewichtes und der Stärke anaphorischer Gebilde herrichten, den niedrigsten Grad anzeigen würden; ihre Natur bringt das mit sich, indem sie, wie ihr Name schon sagt, für sich alleine noch keinen vollen Begriff ausmachen, sondern nur Satzstützen sind, die den eigentlichen Begriff halten und festigen. Von den 5 Belegen aus „Clavigo" aber weisen 4 eine Anaphora des Hilfsverbs auf, eine höchst beachtenswerte Thatsache! beachtenswert, trotzdem überhaupt nicht wenige dieser 93 Anaphoren auf Hilfsverben gerichtet sind.

Einzelbetrachtung der Beispiele ist wiederum nicht zu umgehen:

Clav. 108. „... noch kann ich Euer Freund nicht seyn. noch kann ich Euch nicht lieben."

Das anaphorische „noch kann — noch kann" ist lediglich eine Überfülle der Diktion; die schlichtere Weise „noch kann ich Euer Freund nicht sein und Euch nicht lieben" scheint mir wenigstens dem wenig bedeutungsvollen und auch keineswegs durch den Affekt erheblich gesteigerten Inhalt weit besser zu entsprechen. Jedenfalls läfst sich die Möglichkeit bedeutend nachdrücklicheren Gewichtes eines anaphorisch wiederholten „kann" erweisen durch folgenden Passus aus „Werther":

W 282. „Einmal an einem regnigten Nachmittage, da ich so müfsig sitze, weis ich nicht wie mir einfällt: wir könnten überfallen werden, wir könnten die Terzerols nötig haben, und könnten   du weist ja, wie das ist.'

Hier ist der Anaphora des Hilfszeitwortes eine ganz besondere Wirkung eigen: durch die simmalende Wiederholung wird das allmähliche Werden der in Albert sich regenden Vorstellungen verkörpert: wie er sich nach und nach, aber mit Konsequenz, in die Besorgnis hineinarbeitet. Auch in einem Satzgebilde, wie dem nachfolgenden aus S, möchte ich die Anaphora nicht missen:

S 678. „Wenn ich klagen könnte, könnt verzweifeln, könnt um Vergebung bitten — könnt in stumpfer Hofnung nur eine Stunde hinbringen."

Man entferne nur das vierfach anaphorische „könnte" und betrachte, was übrig bleibt: der ganze Eindruck geht verloren, sobald die sämtlichen Infinitive nur von einem Hilfsverbum abhängen. Das läfst sich von jenem Beispiel aus „Clavigo" nicht behaupten; dort würde durch das Fehlen der Anaphora sogar eine stilistische Verbesserung erreicht. Anders ist es beschaffen mit einem anderen Beispiel:

Clav. 417. „Leb wohl, Bruder! und lafs mich alles vergessen, lafs mich mein einsames Leben noch so ausknirschen, über das Schicksal deiner Verblendung."

Das anaphorische „lafs" macht den Gedanken nachhaltig. Das Zeitwort „lassen" ist übrigens noch mehrfach in der Anaphora belegt, als Hilfsverb allerdings nur noch ein einziges Mal:

U 60. „O schaudre nicht! Lass diesen Blick
Lafs diesen Händedruck dir sagen
Was unaussprechlich ist."

sonst steht es in der ursprünglichen Bedeutung „frei lassen, zurücklassen" etc.:

B 349. „Lafs mich, die Mauern sind Verräther. Lafs mich."

S 681. „Lafs sie! Lafs mich!"

S 645. „Lasst mich, ihr Lieben! Lasst mich allein! —"

Auch das Hilfszeitwort „müssen" hat „Clavigo" einmal in der Anaphora:

Clav. 401. „ . . . aller Ruhm, den ich erwerbe, alle Gröfse, zu der ich mich erhebe, wird mich mit doppeltem Gefühl ausfüllen, denn das Mädchen theilt's mit mir, die mich zum doppelten Menschen macht. Leb wohl! ich mufs hin; ich mufs die Gilbert wenigstens sprechen."

Dem entsprechen:

Br. II 221. „Ich muss nur anfangen lieber Knebel, ich muss Sie anbohren . . ."

Br. II 99. ... „und ein junger Mann wie ihr muss hoffen, muss auf den besten Platz aspiriren."

Besondern Nachdruck darf man von einer solchen Anaphora nicht erwarten. Die Anaphora des Hilfszeitwortes ist eben die **schwächste verbale Anaphora**. Anaphorische Stellung sollte ja eigentlich dem betroffenen Begriff den Hauptton erwirken; das geschieht aber weder oben noch in kongruenten Bildungen des Verbum „haben":

Clav. 427. „als sey er unter einem falschen Namen in sein Haus geschlichen, habe ihm im Bette die Pistole vorgehalten, habe ihn gezwungen, eine schimpfliche Erklärung zu unterschreiben" ...

E 514. „Ich habe ihn gepeinigt, ich hab ihn unglücklich gemacht."

K 547. „Ich habe das Mädgen bemerkt, ich habe die keimende Leidenschaft in ihrer Seele beobachtet" ...

B 59. „Wir haben gejagt! wir haben gefangen!"

S 683. „Sie hat die Ketten von meinem Hals geschlossen, sie hat den Winden befohlen, sie hat mich erworben — hat mir gedient, mein gewartet!"

Mis III 467.
„Ich dich ehren? Wofür?
Hast du die Schmerzen gelindert
Je des Beladenen?
Hast du die Thränen gestillet
Je des Geängsteten?"

U 25. „Hätte Bänder auf dem Kleide
Hätt auch ein Kreutz daran."

Br. I 101. „Sie hat mich unter den heftigsten Liebkosungen gebeten sie nicht mit Eifersucht zu plagen, sie hat mir Geschworen immer mein zu seyn."

An derartigen Stellen eben kann man schwanken zwischen Asyndeton und Anaphora, so **tonlos schwach** ist letztere.

Clav. 432. „Elender! ist deiner Schandthaten kein Ende? ist dein Opfer im Sarge nicht sicher für dir?"

Auch diese Anaphora des Verbum „sein" verklingt fast ungehört; sie war stilistisch überhaupt kaum zu umgehen, wodurch sie naturgemäfs noch mehr einbüfst von ihrer Stärke. Ich will aber doch einige Analoga nicht unterdrücken:

Mis III 191.
„So läfst sie den zerstörten Armen gehn,
Ist seiner Lust, ist seinen Schmerzen still:"...

Mis I 164.
„Du warst mein ganzer Wunsch, du warst mein höchstes Gut
Für dich schlug dieses Herz, dir wallte dieses Blut."

E 504. „War das ein Sehnen,
War das ein Erwarten:"

Mis II 3. „Wen du nicht verlässest Genius
. . . .
Wird der Regen Wolke,
Wird dem Schlossensturm
Entgegen singen,"...

E 524. ...„und ich versichre dich, sie wird dankbar seyn, wird jeden Tag mit neuer Liebe und Treue dir um den Hals fallen."

Mis II 443. „Dieses System, dachten wir, wird Herr Dr. Münter mit warmem Gefühl, mit erleuchteter Vernunft bestreiten; er wird mit seinem armen Freund durch die Labyrinthe seiner Untersuchungen wandern, wird seinen wahren Begriffen Allgemeinheit geben, wird, seine Irrthümer zu heilen, seine Augen zu einem grofsen Blick über das Ganze öffnen, wird ihm die Religion in ihrer Simplicität zeigen, wird wenig von ihm fodern"...

Auf die unverkennbaren Unterschiede zwischen den einzelnen Beispielen kann ich nicht näher eingehen.

Nachträglich folgen lasse ich eine Stelle aus U, die mir bemerkenswert vorkommt, weil hier die sonst schwächliche Anaphora des Hilfsverbs „sein" der Sprache hervorragende Wucht und Stärke verleiht:

U 6. „Ich bin's, bin Faust, bin deines gleichen."

Das Hilfszeitwort „wollen" und „sollen" kommt im „Clavigo" nicht anaphorisch vor, an anderen Orten aber oft genug:

K 571. „Ich will dich zu Haus lassen, ich will dich in's Wasser werfen!"

B 52. „... ich wollt euch bereden einen Harnisch anzulegen, wollt euch ein Pferd geben und wir zögen mit einander."

S 665. „... sie will aber nicht bleiben, will keine Ursache sagen, sie will fort."

K 570. „Wollt ihr mein Leben? Wollt ihr meinen Beutel?"

Mis I 266. „Wir wollen kleine Kränzchen winden,
Wir wollen kleine Sträufschen binden,
Und wie die kleinen Kinder seyn!"

U 52. „Wie ist's? Wills fördern? wills bald gehn?"

K 593. „Soll ichs tragen,
Soll ich fliehn,
Soll ichs wagen,
Soll ich hin?
Herz, mein Herz,
Hör' auf zu zagen;
Ich wills wagen,
Ich mufs hin!"

Mis III 693. „Es ist thörig von einem Künstler zu fordern, er soll viel, er soll alle Formen umfassen."

Mis III 702.
„Der Natur-Genius an der Hand
Soll dich führen durch alle Land,
Soll dir zeigen all das Leben, ..."

K 547. „Sollen wir umsonst die weite Reise von Madrid hierher gemacht haben; sollen wir beschämt nach Hause kehren?"

E 518. „Sie sollen ihn selbst hören, sie sollen entzückt werden;"

Gewifs geht aus diesen zahlreichen Belegen hervor, dafs der Dichter eine entschiedene Neigung hat, Hilfsverben in der Anaphora zu verwenden. Aber man bekäme eine unvollkommene

Anschauung von der Gestalt **verbaler Anaphora überhaupt**, würde man sich nicht klar werden, wie die Anaphora des **selbstständigen Zeitwortes** keineswegs dadurch zu kurz gekommen ist, aufser eben im Clavigo, wo jenen besprochenen Beispielen nur ein einziges von Anaphora des selbständigen Verbs gegenüber steht:

Clav. 291. „.... dafs er es wagt, die Unglücklichen zu bedrohen; wagt, denen Freunden, die sich zu ihm begeben, ins Gesicht zu sagen..."

Dieses „wagt ... wagt..." und etwa ein „ist — ist"..., „mufs — mufs", „soll... soll..." stelle man nur nebeneinander: leicht genug ist ersichtlich, dafs ersteres ganz anders ins Gewicht fällt. Ein jegliches der folgenden Beispiele legt dasselbe Zeugnis ab:

Mis III 441.
„Er fühlt in vollem Himmelsflug
Der irdischen Atmosphäre Zug,
Fühlt wie das reinste Glück der Welt
Schon eine Ahnung von Weh enthält."

Mis II 25. Beugen sollst du's nicht!
Beugen magst du
Kindscher Zweige Haupt,"...

Mis III 461.
... „Und grausam mild,
Freigebig, geizig,
Gleichet all' euren Schicksalsbrüdern,
Gleichet den Thieren und den Göttern."

B 191. „Sterben soll sie! Sterben des bittern Tods."

Mis III 419.
„Vermög't Ihr zu scheiden
Mich von mir selbst?
Vermög't Ihr mich auszudehnen,
Zu erweitern zu einer Welt?"

U 1. „Bild mir nicht ein was rechts zu wissen
Bild mir nicht ein ich könnt was lehren..."

VI. Kapitel.

Br. II 211.
"Ich hohlte Gold ich hohlte Wein
Stellt alles da zusammen
Da dacht ich da wird Wärme seyn
Geht mein Gemäld in Flammen."

U 80. "Hund! abscheuliches Untier! Wandle ihn du unendlicher Geist wandle den Wurm wieder in die Hundsgestalt... Wandl' ihn wieder in seine Lieblingsbildung,..."

U 80. "Steh nur, steh, wälze die Teuflischen Augen ingrimmend im Kopf herum, steh und truzze mir durch deine unerträgliche Gegenwart."

U 4. "Ich fühle innges heilges Lebensglück,
Fühl neue Glut durch Nerv und Adern rinnen."

U 44. "Und dann giebts einen Anlas giebts ein Fest
Wo mans so nach und nach den Leuten sehen läfst."

Br. III 106. "Er war ganz im Traum da ich's ihm sagte, bittet nur Geduld mit ihm zu haben, bittet nur ihn in seinem Wesen zu lassen."

Vorläufig schliefse ich damit die Untersuchung der **verbalen Anaphora im Satzanlaut** ab und betrachte

die **Pronomina**,

deren **anaphorischen Gebrauch im Satzanlaut** ich durch 39 Beispiele verbürgen kann, von denen 7 aus Clav. sind d. h. die mit eingerechnet, in denen der Artikel als substantivisches Pronomen gebraucht wird:

Clav. 428. "Ich würde den ewig hassen, der mir ihn jezt mit Gift vergäbe, der mir ihn meuchelmörderisch aus dem Wege räumte."

Diese Worte enthalten ja eine von den im dritten Kapitel näher beleuchteten Tiraden des Beaumarchais. Unter den verschiedenen Materialien, aus denen dieser barocke Bau von Wust und Bombast aufgetürmt ist, befindet sich begreiflicherweise auch die Anaphora. Ich mufste mich in diesem und in dem fünften Kapitel schon mehrfach auf jene Scene des vierten Aktes beziehen, konnte auch zugleich einen Passus aus dem Munde des Carlos einschalten, in dem sich aber eine ganz kongruente Erscheinung keineswegs nur wie leerer rhetorischer Klingklang anhörte; also auch hier:

Clav. 418. „Auf, und gieb Marien deine Hand, handle als ein ehrlicher Kerl, der das Glück seines Lebens seinen Worten aufopfert, der es für seine Pflicht achtet, was er verdorben hat, wieder gut zu machen, der auch den Kreis seiner Leidenschaften und Würksamkeit nie weiter ausgebreitet hat, als dafs er im Stande ist, alles wieder gut zu machen, was er verdorben hat:"

Über den Grund dieser Thatsache könnte ich mich nur im gleichzeitigen Zusammenhang mit dem Inhalt der Tragödie des näheren auslassen; es würde sich dann ergeben, dafs Form und Inhalt sich dabei vollständig decken, indem der in sich gehaltvolle und bis in die feinsten Nüancen sorgfältig berechnete Carlos eben auch eine weniger künstliche und gemachte Sprache redet als manche der übrigen Mitwirkenden, denen jene Voraussetzung mangelt.

Ein solches „der" in der Anaphora konnte ich noch öfter beobachten. So schreibt Goethe an die Gräfin Stolberg:

Br. II 233. „Wenn Sie sich, meine liebe, einen Goethe vorstellen können, der im galonirten Rock, sonst von Kopf zu Fuse auch in leidlich konsistenter Galanterie, umleuchtet vom unbedeutenden Prachtglanze der Wandleuchter und Kronenleuchter, mitten unter allerley Leuten, von ein Paar schönen Augen am Spieltische gehalten wird, der in abwechselnder Zerstreuung aus der Gesellschafft, ins Conzert, und von da auf den Ball getrieben wird, und mit allem Interesse des Leichtsinns, einer niedlichen Blondine den Hof macht; so haben Sie den gegenwärtigen Fassnachts Goethe, der Ihnen neulich einige dumpfe tiefe Gefühle vorstolperte, der nicht an Sie schreiben mag, der Sie auch manchmal vergifst, weil er sich in Ihrer Gegenwart ganz unausstehlich fühlt."

Die grofse Menge von Sätzen, die der Verfasser hier in relative Abhängigkeit bringen wollte, wird durch die Anaphora gleichsam in lebendigem Flusse erhalten und dem Satzgebilde dadurch eine Schwerfälligkeit genommen, die dem Deutschen in größeren Perioden so leicht anhaftet.

U 81. „Groser herrlicher Geist der du mir zu erscheinen würdigtest, der du mein Herz kennst..."

Für den Accusativ „den" bietet folgende Stelle einen Beleg:

Clav. 404. „Mein Herz wirft sich mir im Leib herum bey dem Gedanken: Er soll diesen Engel noch besitzen, den er so schändlich beleidigt, den er ans Grab geschleppt hat."

Woher nur dieser „tugendhafte, beste Bürger" eine so affektierte Sprache hat! Man merkt doch zu deutlich: die ganze Art ist nicht natürlich und nicht wahrhaftig; wie sollte man es sonst wohl verstehen, dafs eine ganz bestimmte Manier, den Ausdruck zu formulieren, in entsprechenden Situationen wiederholt auftritt? so:

Clav. 399. „Gut, das kann ich, das will ich."

Clav. 421. „Nein, Carlos, es gehe wie es wolle, das kann, das werd ich nicht leiden."

Wirklich normal wird die Sprache nur vereinzelt gehandhabt. Marie ist eine von den wenigen, die es thut, wie ich schon einmal andeutete:

Clav. 423. „Es drückt mich hier so. Es sticht mich so. Es wird mich umbringen."

Das ist schlicht und natürlich gesprochen und hebt sich mit anderen seinesgleichen vorteilhaft ab gegen die zahllosen unnatürlichen Ergüsse, ohne die die Handelnden meist nicht fertig werden. Man höre:

Clav. III 405. „Desto schlimmer, so findet er hundert, die ihm ihren Arm leihen, hundert, die unserm Bruder tückisch auf dem Wege das Leben rauben."

Da nimmt Guilbert doch in der That den Mund recht voll: das Übertriebene tritt durch die Anaphora erst recht vor die Augen.

Ich will mich gegen rühmliche Ausnahmen durchaus nicht verschliefsen; und so gebe ich durchaus zu, dafs eine Anaphora wie die folgende ihre volle Wirkung thut:

Clav. 432. „Ha! wem wag ich's unters Gesicht zu treten?
wem in seinen entsetzlichen Schmerzen zu begegnen?
Ihren Freunden! Ihrem Bruder!"

Das ist im Affekt gesprochen; dem ist das anaphorische „wem" ganz angemessen.

Diese Stelle ist aber auch eben eine von den wenigen, in denen die Clavigosprache rückhaltloses Lob verdient.

Freilich, ich gab bereits an verschiedenen Orten zu und thue es ferner: gewisse Schwächen — einerlei, ob sie dem Zeitgeschmacke entspringen oder dem noch nicht geläuterten Kunstgefühl des Autors — sind im Stile des jugendlichen Dichters vielfach zu erkennen; und zu ihnen gehört zumal die Einseitigkeit bestimmter, zu Typen erstarrter Wendungen.

Nur treffen nirgend so viele Mängel auf engem Raume zusammen wie im „Clavigo", nur bietet kein Werk des jungen Goethe eine reichere Auslese von Gebrechen, Fehlern, anstöfsigen, unmotivierten Stilbildungen aller Art wie dieser „Clavigo". Darauf kommt es doch aber an.

Ich bin weit entfernt, das vorhandene Beispielmaterial, das einzig mafsgebend ist für die Beurteilung, umzumodeln und künstlich zu bearbeiten, je nachdem es mir zum Aufbau meiner Auffassung des Clavigostils pafst.

So stehe ich auch nicht an, den „Clavigo" gewissermafsen zu entlasten durch Mitteilung ganz typisch gewordener Anaphoren aus anderen Werken des Dichters:

E 524. „Die Mädchen! — Ha! was kennen, was fühlen die!"

S 681. „Was sollen hier Worte, was soll ich die Warum's dir vortragen."

Mis III 690. „Und das ist es, was immer durch die Seele des Künstlers webt, was in ihm nach und nach sich zum verstandensten Ausdrucke drängt, ..."

Br. II 259.
„Groser Gott es geht uns bunt sehr bunt ...
Was kann was soll ich sagen!"

W 270. „Was man ein Kind ist! Was man nach so einem Blicke geizt! Was man ein Kind ist!"

S 682. „Was kehrst du mein Herz um und um? Was zerreifst du das Zerrissene?"

B 273. „Was ist die Gnade der Fürsten, was der Beyfall der Welt gegen diese einfache einzige Glückseligkeit."

Br. II 185. „Wollen Sie mir dann schreiben, was ich Ihnen soll für den Tee? was Sie ausgelegt haben für mich?"

Br. II 40. „... und das Leben — was brauch, was kann ich Ihnen davon sagen."

Die Unbedeutenheit dieses anaphorisch wiederholten „was" wird recht erkennbar durch Vergleich mit dem in dem beifolgenden Passus enthaltenen anaphorischen „wer":

Mis III 467.
„Wer half mir
Wider der Titanen Uebermuth?
Wer rettete vom Tode mich,
Von Sclaverey?"

Die energische Dringlichkeit dieses „wer — wer" erreichen von den Beispielen mit anaphorischem „was" einzig die Worte Gretchens:

U 74. „Was mein armes Herz hier banget,
Was es zittert, was verlanget,
Weifst nur du, nur du allein."

Unter denjenigen Fällen, in denen das Personalpronomen anaphorisch wiederholt wird im Satzanlaut, hat der folgende die kräftigste Farbe:

Mis II 5. „Dich von dem es begann
Dich in dem es endet
Dich, aus dem es quoll,
Jupiter Pluvius!"

Einige andere Belege sind minder nachdrücklich:

Br. II 191. ... „warum nicht das Menschengeschöpf das dich berührte, dich als Kind aufm Arm trug, dich an der Hand führte, das Geschöpf das du vielleicht um manches gebeten hast?"

Mis III 481.
> Habt eures Ursprungs vergessen,
> Euch zu Sklaven versessen,
> Euch in Häuser gemauert,
> Euch in Sitten vertrauert, ..."

Mis II 439. „... er wird euch aus eurer wohlhergebrachten Gleichgültigkeit reifsen, euch mit euern eignen Reichthümern bekannt machen, euch ihren Gebrauch lehren."

Das Pronominalsubstantiv „nichts" ist in der Anaphora in allen Belegstellen höchst beredt:

Clav. 411. „... man hätte nichts, sich zu verwundern, nichts, die Köpfe zusammen zu stofsen, nichts, in Gesellschaft zu verschneiden" *).

B 353. „Dafs von Früchten nichts umkommt, nichts zurückbleibt."

Mis III 701.
> „Nichts verzierlicht, und nichts verkrizzelt,
> Nichts verlindert, und nichts verwitzelt!"

Anaphorisches „niemand" enthält:

Br. III 26. „Dass es nur niemand erfährt, niemand davon zu sehen kriegt."

Anaphora der Konjunktion.

Es sind in erster Linie drei Konjunktionen, die Goethe im Satzanlaut anaphorisch wiederholt: **dafs, wenn, da**. Erstere wird in nicht weniger als 18 Beispielen angetroffen, von denen 5 im „Clavigo" stehen:

Clav. 404. „Dafs er wiederkehrt, dafs ihm auf einmal beliebt, wieder zu kehren, und zu sagen: jetzt mag ich sie, jetzt will ich sie."

Clav. 385. „Es ist mir so leicht! so wohl! mein Freund, dafs ich endlich hier bin, dafs ich ihn habe, er soll mir nicht entwischen."

---
*) Dieses Beispiel könnte auch in die Rubrik „Anaphora im Satzteilanlaut" eingerückt werden.

Clav. 408. „Ich bitte, entfernt euch, dafs sie Eure Stimme nicht hört, dafs sie sich beruhigt."

Clav. 378. ... „schwur ihr, schwur ich mir, dafs es ewig so seyn sollte, dafs ich der Ihrige seyn wollte"...

Den 5 Beispielen aus dem einen „Clavigo" kann ich nur 13 aus den gesamten übrigen Werken des jungen Goethe beifügen; einige will ich mitteilen:

W 313. „Ich merkte nicht, dafs die Weiber am Ende des Saals sich in die Ohren pisperten, dafs es auf die Männer zirkulirte, dafs Frau von S... mit dem Grafen redte"...

Mis III 700.
„Er fühlt dafs er eine kleine Welt
In seinem Gehirne brütend hält,
Dafs die fängt an zu würken und leben,
Dafs er sie gerne möcht von sich geben."

U 81. „Jammer! Jammer! von keiner Menschenseele zu fassen dass mehr als ein Geschöpf in die Tiefe dieses Elends sank, dass nicht das erste in seiner windenden Todesnoth genug that für die Schuld aller übrigen vor den Augen des Ewigen."

U 2. „Dafs ich nicht mehr mit saurem Schweis
Rede von dem was ich nicht weis.
Dafs ich erkenne was die Welt
Im innersten zusammenhält..."

Mis III 160.
... „Dafs der Orkus vernehme: wir kommen,
Dafs gleich an der Thüre
Der Wirt uns freundlich empfange."

Einen im 18. Jahrhundert sehr verbreiteten, besonders bei Lessing häufigen Gebrauch des „dafs" in der Anaphora, hat auch der junge Goethe in seine Diktion aufgenommen, nämlich ein anaphorisches „dafs" im Ausrufe:

Clav. 394. „Marie! Marie! O dafs du vergeben könntest, dafs ich zu deinen Füssen das all abweinen dürfte! —

Und warum nicht? Mein Herz geht mir über! meine Seele geht mir auf in Hoffnung! — Mein Herr!"

S 676. „O dafs ich ohne Gedanken wäre! dafs ich in dumpfem Schlaf, dafs ich in hinreifsenden Trähnen mein Leben hingäbe!"

U 56.
„Ach dass die Einfalt dass die Unschuld nie
Sich selbst und ihren heilgen Werth erkennt!
Dafs Demuth, Niedrigkeit die höchsten Gaben
Der Liebaustheilenden Natur —"

Br. I 159. „O dafs du hier wärest, dafs du mich trösten, dafs du mich lieben könntest."

S 650. — „Dafs man euch so lieb haben kann! — Dafs man euch den Kummer nicht anrechnet, den ihr uns verursachet!"

Br. II 257.
„O dass die inure Schöpfungskrafft
Durch meinen Sinn erschölle
Dass eine Bildung voller Safft,
Aus meinen Fingern quölle!"

Im mustergültigen modernen Stile begegnet man einem solchen „dafs" im Ausrufe weit seltener als zur Zeit Lessings; das mufs man beachten.

Die Konjunktion „wenn" in der Anaphora.

Auch sie ist oft belegt:

Clav. 425. „Wenn er sich verläugnen liefse! wenn er würklich verreifst wäre! Wozu das? Warum das?"

Clav. 379. „Es wird noch Zeit genug seyn, wenn du ein gemachter Mann bist, wenn du dich zu dem erwünschten Ziele aufgeschwungen hast"...

Clav. 425. „Du sollst gerochen werden, wenn er — die Sinnen vergehn mir über dem Gedanken, — wenn er rückfiele, wenn er doppelten gräfslichen Meineids sich schuldig machte, unsers Elends spottete Nein es ist, es ist nicht möglich, nicht möglich — du sollst gerochen werden."

E 524. „Wenn sie Langeweile haben, wenn sie nicht wissen, was sie wollen..."

E 524. „Ists nicht schlimm für eine, wenn sie warm, wenn sie beständig ist; wenn sie da, wo..."

E 516. „Bestes edelstes Mädchen, mein ganzes Herz wird neu, mein Blut bewegt sich schneller, wenn ich sie sehe, wenn ich ihre Stimme höre."

W 261. „Und ach, wenn wir hinzueilen, wenn das Dort nun Hier wird, ist alles vor wie nach..."

W 273. „Ach wie mir das durch alle Adern läuft, wenn mein Finger unversehns den ihrigen berührt, wenn unsere Füsse sich unter dem Tische begegnen."

W 329. — „wenn du nun giengst? wenn du aus diesem Kreise schiedest, würden sie? wie lange würden sie die Lücke fühlen, die dein Verlust in ihr Schicksal reifst? wie lang?"

B 160. „Es schauert uns nicht vorm Schneegestöber, wenn die Wölfe heulen, und Spenster krächzen, wenn's Irrlicht kommt und der feurige Mann."

B 81. „Wenn ihr wüfstet was ich weifs, wenn ihr nur träumen könntet was ich gesehen habe."

Die Konjunktion „da" kommt im „Clavigo" einmal anaphorisch vor:

Clav. 406. „Zu der Zeit, da mich Guilbert mit Freundlichkeit in sein Haus aufnahm, da ich ein armer unbedeutender Junge war, da ich in meinem Herzen eine unüberwindliche Leidenschaft für Sie fühlte, war's da Verdienst an mir?"

Rhetorisch genug wird dieser Passus durch das dreifache „da" — wahrhaftiger und überzeugender nicht! Die innere Leere läfst sich nun einmal gar nicht verstecken! Ohne diese innere Leere und Verlogenheit würde dem Helden wohl im entscheidenden Augenblicke eine mehr zu Herzen gehende Wendung zu Gebote stehen als das umständliche und saftlose: „ich fühlte eine unüberwindliche Leidenschaft für Sie!" Das kommt mir so marionettenhaft vor, als sage der Clavigo etwas Eingelerntes auf und rede darum so geschnörkelt und gespreizt.

Aufser im „Clavigo" erscheint diese Anaphora auch sonst verschiedentlich:

S 620. „Meine Liebe, wie ganz anders war's damals, da dein Vater noch mit mir reiste, da wir die schönste Zeit unsers Lebens in freier Welt genossen;"

S 657. „... auf einen Tag, da ihnen alle Freuden des Lebens wiedergegeben sind; da sie alle Freuden des Lebens der würdigsten weiblichen Seele wiedergegeben haben."

S 666. „Wie lebhaft ist mir noch die Erinnerung des Tags, da ich dich ihn zuerst aussprechen hörte, da all mein Glük in dir begann!"

Br. III 99. „Lieber Bruder dass du iust so geplagt seyn mufst zur Zeit da ich so glücklich bin. Da mir das Schicksaal einen ganz reinen Moment bereitet..."

K 543. „Wie warm dank ich dem Schiksal, das, da es mir eine männliche Nachkommenschaft versagt hat, da es mit mir den alten herrlichen Stamm von Villa Bella ausgehen läfst..."

W 314. „Und da man nun heute gar wo ich hintrete mich bedauert, da ich höre, dafs meine Neider..."

B 261. „Glückselige Zeiten seyd vorbey, da noch der alte Berlichingen hier am Camin safs, da wir um ihn durcheinander spielten, und uns liebten wie die Engel."

„Wie" in der Anaphora.

Es ist zu scheiden zwischen Konjunktion und Adverb.

Der Konjunktion „wie" begegnete ich im „Clavigo" einmal:

Clav. 383. „Wie er noch Clavigo war, noch nicht Archivarius des Königs, wie er der Fremdling, der Aukömmling, der neu eingeführte in userm Hause war, ..."

und auch in den übrigen Werken nur noch zweimal:

B 65. „Wie *) wir dem Markgraf als Buben dienten, wie wir beisammen schliefen, ..."

---

*) Es ist übrigens aus der Stelle nicht ganz klar ersichtlich, ob nicht hier

VI. Kapitel.

Mis II 23. „Wie du den liebenden Arm
Um den Freund schlangst,
wie ihm Lila's Brust
entgegenbebte,
wie ihr euch rings umfassend
in heil'ger Wonne schwebtet,
und ich, im Anschaun selig,
ohne sterblichen Neid
daneben stand."

Das Adverb „wie" dagegen ist eine um so häufigere Erscheinung, zumal im „Clavigo", dem 6 von 25 Belegstellen zufallen. Dieses „wie" steht meist im Ausrufe, und davon gilt ebenfalls das oben hinsichtlich der Konjuktion „dafs" im Ausrufe Bemerkte: **der moderne Stil geht viel sparsamer damit um.**

In **kürzeren** Sätzen und Wendungen zwar kann es Kraft haben:

Clav. 416. „Ich sage dir, ich gestehe dir, ich erschrak, als ich Marien wiedersah! Wie entstellt sie ist, — wie bleich, abgezehrt. O das ist mein, meine Schuld, meiner Verrätherey! —"

Clav. 383. ...„wie liebenswürdig war er, wie gut! Wie schien all sein Ehrgeiz, all sein Aufstreben ein Kind der Liebe zu seyn. Für mich rang er nach Namen, Stand, Güter, er hats, und ich!"

E 527. „Wie lebt
Wie bebt
Wie strebt
Das Herz in mir!

Mis I 273. „Wie lieb' ich dich!
Wie blinkt dein Auge!
Wie liebst du mich!"

Mis I 272. „Wie herrlich leuchtet,
Mir die Natur
Wie glänzt die Sonne!
Wie lacht die Flur!"

---

das Adverb vorliegt, so dafs der Satz ein indirekter Fragesatz wäre, abhängig von „So will ich euch erzählen."

Damit vergleiche man aber:

Clav. 428. „Wie ich die dürstende Rache in meinem Busen fühle! wie aus der Vernichtung meiner selbst, aus der stumpfen Unentschlossenheit mich das herrliche Gefühl, die Begier nach seinem Blute herausreifst, mich über mich selbst reifst! Rache! Wie mir's wohl ist, wie alles an mir nach ihm hinstrebt, ihn zu fassen, ihn zu vernichten."

Clav. 434. „Wie sein fliefsendes Blut all die glühende Rache meines Herzens auslöscht, wie mit seinem wegflichenden Leben all meine Wuth abschwindet!"

Woher rührt das Schleppende, Nachschleifende dieser beiden letzten Satzgebilde? Die Ursache scheint mir klar: Der Ausruf ist zu lang, ist ebenso langatmig, wie der Gedanke verschwommen und abgeschmackt ist, wozu ich früher in Kap. III Gesagtes zu vergleichen bitte. Schon das einfache „wie" im Ausrufe macht einen Satz ungefüge, wenn er etwas länger ist; z. B.:

Clav. 433. „Wie mit dem Klang der Stimme sich eine glühende Wuth in meine Adern gofs!"

Wie viel breitspuriger muſs da ein entsprechendes anaphorisches Gebilde werden! Steht das „wie" vollends in einem negierten Satze, wird es ganz unerträglich, wie man im folgenden sieht:

S 642. „Wie ich nur noch empfinden kann! wie die schröklichen Augenblike mich nicht getödtet haben!"

In der Frage, direkter oder indirekter, lastet auf dem „wie" diese Schwerfälligkeit natürlich nicht:

Clav. 426. „Sieh, wie er zittert! wie ihn aller Muth verläſst!"

Clav. 411. „ ... wenn du etwas dagegen zu sagen hast, sagen willst, so sag's gerade zu. Wie steht denn die Sache? wie verhält sie sich?"

Clav. 392. „Wenn Sie wüsten, wie ich verhetzt worden bin, wie ich durch mancherley Rathgeber und Umstände —"

Br. III 106. „ ... ; doch Sie mögen sehn wie mirs im Herzen manchmal aussieht, wie ich auch ungerecht gegen Sie werden kann."

Trotzdem freilich mufs der Autor sich auch hier einer gewissen Zurückhaltung befleifsigen, damit dieses anaphorische „wie" nicht allzu rhetorisch wirke. Einer Uebertreibung in der Richtung macht sich der Dichter einmal recht augenfällig in einer Scene der „Stella" schuldig. Dort heifst es:

> S 654. „Ich weifs noch wohl, als unsere gute liebe Cézilie zwei drei Jahr ihre Gemahlinn war, wie's ihnen wurmte, ihnen alles nicht recht war, wie sie glaubten gefesselt, gefangen zu seyn; wie sie nach Freiheit schnappten."

Dieses dreifach anaphorische „wie" pafst in den Rahmen der Situation gewifs nicht, weil ein schlichter Hofverwalter und früherer Diener, wenn er ohne Ziererei spricht, seine Rede sicherlich nicht so rhetorisch gestaltet. Die Sprache mufs eben der jeweiligen Sachlage angemessen sein — Übermafs an einer Stelle kann am andern Orte gerade zweckentsprechende und wohlbedachte Fülle werden; und wer an dem oben citierten Passus aus S Anstofs nimmt, wird die sogar vierfache Anaphora eines „wie", die sich in folgender Stelle aus einem leidenschaftlichen Briefe Goethes an Behrisch findet:

> Br. 1 138. „Ich sah wie sie ihm ganz kalt begegnete, wie sie sich von ihm wegwendete, wie sie ihm kaum antwortete, wie sie von ihm importunirt schien, das alles glaubte ich zu sehen."

keineswegs als übertrieben rhetorisch empfinden.

In den nächsten Zeilen erfolgt ein **schematischer Überblick über eine Reihe von Partikeln in der Anaphora**, die, wenn sie auch zu erläuternden Bemerkungen keinen Anlafs bieten, doch nicht fehlen dürfen in meiner Darstellung, da sie, zum Teil wenigstens, ziemlich oft vorkommen und mithin das Gesamtbild wiederum vervollständigen:

„Warum" in der Anaphora.

> U 3. „Und fragst du noch warum dein Herz
> Sich inn in deinem Busen klemmt?
> Warum ein unerklärter Schmerz
> Dir alle Lebensregung hemmt."

Clav. 382. „Wenn das in Frankreich Mode ist, warum soll's nicht in Spanien seyn? Warum soll eine Französin in Spanien nicht Französin seyn!"

W 335. „Warum durft' ich mich nicht ihr zu Füssen werfen! warum durft ich nicht an ihrem Halse mit tausend Küssen antworten!"

E 523. „Ach! warum bin ich so zärtlich, warum bin ich so treu!"

Br. I 240. „Warum soll ich Ihnen nicht schreiben, warum wieder die Feder liegen lassen, nach der ich bisher so offt reichte."

„Wo" in der Anaphora.

Mis III 177.
„Wo du Engel bist, ist Lieb und Güte,
Wo du bist, Natur."

Clav 426. „Wo ist Guilbert? wo ist Buenko?"

Mis I 265.
„Wo bist du itzt, . . .
Wo singst du itzt?
Wo lacht die Flur, wo triumfirt das Städtchen,
Das dich besitzt?"

K 587. „Wo haben sie ihn hin? Wo sind sie hin? Wo bin ich?"

B 187. „Wo ist Franz? wo die andern?"

E 509. „Was sind alle die edelsten Triebe und Empfindungen, da ihr in einer Welt lebt, wo sie nicht befriedigt werden können, wo alles dagegen zu arbeiten scheint!"

U 6. „Wo ist der Seele Ruf?
Wo ist die Brust die eine Welt in sich erschuf," . . .

Das Adverb „da" in der Anaphora.

Clav. 420. „Da gieb Rath, da schaff Hülfe, und dann rede."

Mis III 163.
„Und wenn ich sie dann fassen darf
Im lüfftgen deutschen Tanz

>   Da gehts herum da gehts so scharf
>   Da fühl ich mich so ganz"
>
> B 158. „Was willst du Anne? was willst du Käth?
>   Da rüttelten sie sich, da schüttelten sie sich,
>   Und liefen und heulten davon."

„Nicht" in der Anaphora:

> Clav. 413. ... „und glaubst du denn, dafs ich mich nicht weiter treiben, nicht auch noch mächtige Schritte thun kann?"

„Ohne" in der Anaphora:

> Clav. 394. „Bin ich glücklicher als Sie; ohne den Gesandten zu sehn, ohne mit einem Menschen hier gesprochen zu haben, fafs ich meine sterbende Schwester in meine Arme, hebe sie in meinen Wagen und kehre mit ihr nach Frankreich zurück."
>
> K 551. „Ohne ihn kennte ich Sie nicht. Ohne ihn —"

„Und" in der Anaphora*):

> Clav. 385. „Weg! — und war ich Marien mehr schuldig, als mir, und ist's eine Pflicht, mich unglücklich zu machen, weil mich ein Mädchen liebt ..."
>
> Mis I 288.
>   „Und schläft der Gatte von Klatho?
>   Und wohnt der Vater des Todten in Ruh?
>   Und ich vergessen in Falten der Wolken
>   Bin einsam in Banden der Nacht."

Nur je einmal sind nachzuweisen:

Die temporale Konjunktion „als" in der Anaphora:

> Clav. 377. ... „so gefiel mir damals deine Schrift weit besser, als du sie noch zu Mariens Füssen schriebst, als noch das liebliche, muntere Geschöpf auf dich Einflufs hatte" ...

---

*) Das Polysyndetische tritt in diesen Beispielen entschieden vor dem Anaphorischen zurück.

Vergleichendes „als" in der Anaphora:

U 38. „Und ihr seht drein
Als solltet ihr in Hörsaal 'nein.
Als stünden grau leibhafftig vor euch da
Phisick und Metaphisika."

„Sonst" in der Anaphora:

Clav. 105. „Er wagt's nicht, er fürchtet für sein Leben, sonst hätt er gar nicht geschrieben, sonst böt er Marien seine Hand nicht an."

„Schon" in der Anaphora:

U 5. „Du Geist der Erde bist mir näher
Schon fühl ich meine Kräffte höher
Schon glüh ich wie vom neuen Wein"...

„Obgleich" in der Anaphora:

Br. I 92.
„Obgleich kein Grufs, obgleich kein Brief von mir,
So lang dir kömmt, lafs keinen Zweifel doch
Ins Herz"...

Das Adverb „lieber" in der Anaphora:

U 47. „Zum Angedenken aufbewahrt
Und lieber hungert lieber bettelt!"

Die vielseitige Mannigfaltigkeit der im vorhergehenden aufgeführten Muster anaphorischer Bildungen könnte vielleicht die Eindrücke, welche wir bisher von dem Einflusse der Verwendung der Anaphora auf den Clavigostil erhalten haben, trüben oder verwischen. Um dem vorzubeugen, empfiehlt es sich, eine Reihe von Stellen aus Clav., die förmlich gesättigt sind mit anaphorischen Iterationen und dadurch überladener Rhetorik anheimfallen, in fortlaufender Reihe und ohne jede Zwischenbemerkung mitzuteilen: Die zuvor durch den bunten Wechsel der Citate zersplitterte Aufmerksamkeit wird sich nun rasch auf Clav. konzentrieren, so dafs die in dem Gebrauche der Anaphora vielfach liegende nichtssagende Mache und schwülstige Überfüllung klar erkannt wird.

Clav. 406. „Oder war's nicht vielmehr innere Uebereinstimmung der Charaktere, geheime Zuneigung des Herzens, daſs auch Sie für mich nicht unempfindlich blieben, daſs ich nach einer Zeit mir schmeicheln konnte, dies Herz ganz zu besitzen. Und nun — bin ich nicht ebenderselbe? Sind Sie nicht ebendieselbe? Warum soll ich nicht hoffen dürfen? Warum nicht bitten?"

Clav. 408. „Nein, diese innige Verwandtschaft unserer Seelen ist nicht aufgehoben; nein, sie vernehmen einander noch wie ehemals, wo kein Laut, kein Wink nöthig war, um die innersten Bewegungen sich mitzutheilen. Marie — Marie — Marie. —"

Clav. 396. „Ich will die Erklärung schreiben, ich will sie schreiben aus Ihrem Munde. Nur versprechen Sie mir, nicht eher Gebrauch davon zu machen, bis ich im Stande gewesen bin, Donna Maria von meinem geänderten reuvollen Herzen zu überzeugen. Bis ich mit ihrer Aeltsten ein Wort gesprochen, bis diese ihr gütiges Vorwort bey meiner Geliebten eingelegt hat."

Clav. 417. „Armer! Elender! Ich hofte, diese jugendlichen Rasereyen, diese stürmenden Thränen, diese versinkende Wehmuth sollte vorüber seyn, ich hofte, dich als Mann nicht mehr erschüttert, nicht mehr in dem beklemmenden Jammer zu sehen, den du ehemals so oft in meinen Busen ausgeweint hast. Ermanne dich, Clavigo, ermanne dich!"

Clav. 396. „Müſst ich nicht für Schmerz, für Beängstigung untergehen, wenn Ihr Blut meinen Degen färben sollte, wenn ich Marien noch über all ihr Unglück auch ihren Bruder raubte" ...

Clav. 382. „O mir ist mein Stand, daſs ich ein unbedeutender ruhiger Bürger von Madrid bin, nie so beschwerlich, nie so ängstlich gewesen, als jetzt, da ich mich so schwach, so unvermögend fühle, Ihnen gegen den falschen Höfling Gerechtigkeit zu schaffen!"

Clav. 418. „Wenn dein Herz nicht gröſser ist, als anderer ihr's; wenn du nicht im Stande bist, dich gelassen über Verhältnisse hinaus zu setzen, die einen gemeinen Menschen ängstigen würden, so bist du mit all deinen Bändern und Sternen, bist mit der Krone selbst nur ein gemeiner Mensch. Fasse dich, beruhige dich."

In allen diesen Beispielen dieselbe Manier! Anaphora über Anaphora! Anaphorisch der Satzteilanlaut, anaphorisch der Satzanlaut! Ob Carlos redet oder Buenko oder Clavigo: ohne gestelzten Wortschwall, ohne rhetorischen Ballast giebt sich keiner zufrieden. Eines freilich darf nicht unbeachtet gelassen werden: Die Personen, besonders der Held Clavigo, müssen so oft etwas sagen, was sie nicht fühlen oder nicht glauben — der einzige Carlos ausgenommen: Dürfen wir ihnen da so sehr zürnen wegen ihrer unnatürlichen Ausdrucksweise? Müssen sie nicht geradezu der Phrase und Unnatur verfallen?

Es giebt keinen bildsameren Stoff als die Sprache d. h. in den Händen des Meisters, dem eine gütige Vorsehung die Kunst wies, sie zu behandeln. Ein solcher Meister ist Goethe: er bearbeitet und knetet und formt die gefügige und nachgiebige Materie, wie er mag; er weifs, sich stets eben das Gebilde zu schaffen, das ihm für seine Absichten dienlich ist. In dieser schrankenlosen Beherrschung der Sprache lag natürlich auch eine Gefahr, so lange der Künstler noch im Werden begriffen, so lange in ihm noch nicht der Sinn für das schöne Mafs entwickelt war, der den gereiften Genius vor jeder Ausschreitung instinktiv zurückweichen liefs. Es geht dem Genie eben auch nicht anders wie jedem Erdenkinde: es entwickelt seine Fähigkeiten nicht plötzlich, sondern allgemach mit fortschreitenden Jahren. Darum ist es keineswegs eine Verkleinerung der sprachlichen Kunst unseres grofsen Dichters, wenn man den Fehlern seiner Jugend nachgeht, wo die Gelegenheit es eben mit sich bringt; man lernt selber dadurch und schätzt das echte Kunstwerk um so mehr. Und im Grunde ist es ja auch nur ein Beweis — um auf „Clavigo" speziell zurückzukommen — von Herrschaft über das Sprachliche, wenn der Dichter ihre äufserlichen Hilfsmittel, ihre Zierrate und Schmuckstücke am gegebenen Orte zu seinem Besten auszunutzen weifs, wie es Goethe so vielfach im „Clavigo" zur Beschönigung der inneren Schwächen thut.

Von der vielvermögenden Vertrautheit mit der Bearbeitung der Sprachmaterie legen auch noch andere anaphorische Erscheinungen Zeugnis ab, die gemischt sind aus **Anaphora und einer, so zu sagen, zersprengten oder zerrissenen Geminatio**. Das Wesen der letzteren besteht darin, dafs ganze Sätze oder gröfsere Satzbestandteile wiederholt werden, aber nicht **unmittelbar** aufeinander folgend, wie es die eigentliche Epanalepsis oder Geminatio erfordert, sondern durch **Zwischenwerk** getrennt, z. B.:

Clav. 402.   „**Du hast ihn gesehn?** mir zittern alle Glieder! **Du hast ihn gesehn?** ich war nah an einer Ohnmacht, als ich hörte, er käme, **und du hast ihn gesehn?** Nein, ich kann, ich werde, nein, ich kann ihn nie wieder sehn."

Clav. 429.   „**Gieb mir sie wieder!** Und dann geh in Kerker, geh aufs Martergerüst, geh, vergiefse dein Blut, und **gieb mir sie wieder**."

E 532.   „**Er ist nicht weit!**
Wo find ich ihn wieder?
Er ist nicht weit!
Mir beben die Glieder,
O Hofnung! o Glück!
Wo geh ich? Wo such ich?
Wo find ich ihn wieder?"

Wo diese Erscheinung im Einklange steht mit den sprachlich zu versinnlichenden Geschehnissen, mufs sie notwendig packen: den stürmischen Lauf affektvoller Leidenschaftlichkeit, die Stimmung höchster Erregung und Spannung aller Empfindungen malt diese Bildung mit überraschender Energie. Sie kann übrigens auch anderen Zwecken dienen: Carlos handhabt sie als schneidende Waffe, da es gilt, den schwankenden Freund in die Enge zu treiben, ihm mit den wuchtigen Keulenschlägen einer vernichtenden Beredsamkeit so zuzusetzen, dafs der Gegner nicht aus noch ein weifs und sich auf Gnade und Ungnade den Wünschen des überlegenen Dialektikers und Mannes der rücksichtslosen That fügt:

Clav. 418.   „**Auf, auf mein Freund!** und entschliesse dich. Sieh, ich will alles bey Seite setzen, ich will sagen, hie liegen zwey Vorschläge auf gleichen Schaalen, entweder du heurathest Marien, und findest dein Glück in einem stillen bürgerlichen Leben, in den ruhigen häuslichen Freuden; oder du führst auf der ehrenvollen Bahn deinen Lauf weiter nach dem nahen Ziele. — Ich will alles bey Seite setzen und will sagen, die Zunge steht inne, es kommt auf deinen Entschluſs an, welche von beyden Schaalen den Ausschlag haben soll! Gut! Aber entschliesse dich."

So prächtig nun die zerrissene Geminatio im Vereine mit der Anaphora zu wirken vermag, so kann diese eminent rhetorische Verbindung zweier derartiger Figuren den Stil leicht verbilden und verunstalten, so bald ein so voll tönender Aufwand sprachlicher Mittel nicht durch die Umstände berechtigt erscheint. Folgender Passus ist dafür charakteristisch:

Clav. 388. „Und so erlauben Sie, mein Herr, daſs ich einen Mann, der mit solcher Freymüthigkeit eine so angenehme Botschaft bringt, nicht wie einen Fremden behandle; erlauben Sie, daſs ich frage, was für ein Geschäft, was für ein Anliegen Sie diesen weiten Weg geführt hat?"

Für den leichten Konversationston — und so muſs der Passus doch gesprochen werden! — ist dieses „erlauben Sie — erlauben Sie" „daſs — daſs" „was für — was für" doch zu prunkhaft; der natürliche Fluſs zwangloser und doch abgerundeter und gewandter Unterhaltung, die man von dem Hofmanne erwarten muſs, gerät ins Stocken, wenn ihm so der Weg verlegt wird mit Barrikaden und Dämmen einer manirierten Sucht nach rednerischem Pompe am falschen Orte.

Anhang zum VI. Kapitel.
(Epiphora.)

Anhangsweise will ich, da das Material einmal vor mir liegt, auch der Epiphora einen, wenn auch nur beschränkten, Platz in diesen Ausführungen anweisen. Ich bemerke aber ausdrücklich: Die Epiphora ist überhaupt selten in den Jugenddichtungen Goethes; speziell „Clavigo" wird kaum von ihr berührt. Darum begnüge ich mich, die Erscheinung ohne weitere Erläuterung an einer Übersicht von Beispielen zur Anschauung zu bringen.

Die wenigen aus Clav. zu entlehnenden Beiträge enthalten nicht einmal die reine Form der Epiphora, weil das epiphorische Wort in ihnen nicht am Ende eines vollen Satzes steht:

Clav. 427. „Aber von seinem Leichname weg, von der Stätte weg"...

Clav. 381. „Und nun — Was ists nun weiter? Was ist an mir gelegen? an einem Mädchen gelegen, ob ihm das Herz bricht?"

Clav. 431. „Mußtest du's wiederholen, Verräter! Das Donnerwort wiederholen"...

Clav. 379. „Sie ist verschwunden! Glatt aus meinem Herzen verschwunden"...

Diese Art der Epiphora kommt auch sonst vor:

S 629. „... so laß mich dich vergessen, in den Armen des Engels alles vergessen"...

S 684. „Du hast ihn gerettet — von ihm selbst gerettet —"

Br. III 78. „Lenz hat die Kirsche verwahrlost! hat mir sie nicht gegeben, mir nicht den Kern nicht den Stiel gegeben."

Br. II 294. — — — „Lili heut nach Tisch gesehn — in der Comödie gesehn."

In folgender Weise bildet der junge Goethe die reine Epiphora:

W 367. „Ich träume nicht, ich wähne nicht! nah am Grabe ward mir's heller. Wir werden seyn, wir werden uns wieder sehn! Deine Mutter sehn! ich werde sie sehn, werde sie finden, ach und vor ihr all mein Herz ausschütten."

Mis I 279. „O, mein Bruder! mein Bruder! warum hast du meinen Salgar erschlagen? Warum, o Salgar, hast du meinen Bruder erschlagen?"*)

Br. I 240. „Wie wollen Sie nun dafs ich Ihnen rathen soll, in einer Angelegenheit rathen soll"...

S 663. „Wir hätten uns das alles erspart! Stella! wir hätten ihr diese Schmerzen erspart — Doch wir wollen fort. Ich will ihr sagen, ihr bestündet darauf, euch zu entfernen, wolltet sie mit eurem Abschied nicht beschweren; wolltet fort."

W 310. ... „und der Minister gab mir einen zwar sanften Verweis, aber es war doch ein Verweis"...

W 287. ... „nichts fühlt als ihn, den Einzigen, sich nur sehnt nach ihm, dem Einzigen..."

U 3. „Das ist deine Welt, das heisst eine Welt!"

U 44. „Ach seh sie nur! ach schau sie nur!"

Br. III 88. „Wenn du nun auch das einmal verlassen musst! das Land wo du so viel gefunden hast, alle Glückseeligkeit gefunden hast die ein Sterblicher träumen darf", ...

---

*) Anaphora und Epiphora.

VII. Kapitel.
Die Geminatio.

Ich beginne mit einer statistischen Tabelle:

	Geminatio	Anaphora	Asyndeton	Polysyndeton
U	30	35	27	10
B	107	31	14	8
W	34	67	107	32
E	33	30	10	9
S	61	76	35	6
Mis	87	160	183	48
K	48	35	12	7
Clav.	72	75	76	7
	472	509	464	127

Wie aus obenstehender Tafel ersichtlich ist, nähern sich die Zahlen für die Geminatio, Anaphora und das Asyndeton einander sehr; der junge Goethe wendet also die drei rhetorischen Figuren etwa gleich häufig an — ein sicherlich höchst interessantes Resultat, das eben nur mit Hilfe der Statistik gewonnen werden kann. In der Verteilung auf die einzelnen Werke allerdings konnten wir schon früher bedeutende Abweichungen feststellen; dazu bietet auch die Betrachtung der Geminatio Veranlassung. Die größte Veränderung im Verhältnisse des Vorkommens der Geminatio zu dem der Anaphora findet sich in B = 107 : 31. Auf die Ursachen dieser Thatsache wird im weiteren Verlaufe dieses Kapitels näher eingegangen werden. Das Plus in B nun mußte ein Minus für andere Werke ergeben, weil die Gesamtzahl ja verhältnismäßig wenig abweicht. Dieses Minus haben zumal W und Mis zu tragen, in beiden gingen die Zahlen etwa um die Hälfte zurück. Auch S nahm ab. Clav. dagegen behauptet seine Höhe und folgt unmittelbar auf B; und wenn man bedenkt, daß die Zahl 107 für beide Fassungen des B gilt, mithin aus einem weit umfangreicheren Material ausgezogen ist, so fällt die Differenz zwischen beiden Summen noch weniger ins Gewicht.

Brachte es nun schon das Wesen der bezüglichen bisher behandelten Spracherscheinungen mit sich, daß nur eine instinktive taktvolle Zurückhaltung den Autor davor behüten kann, durch zu häufigen Gebrauch derselben in Manier und Unnatur der Rede zu verfallen, so gilt das noch in viel höherem Grade von der Geminatio. Denn eine vollständige Verdoppelung einer gethanen Äußerung ist sofort eine Übertreibung oder eine nichtssagende Angewohnheit, wenn kein ersichtlicher Grund vorhanden ist, sich dieser Wort- oder Satzverdoppelung zu bedienen. Daraus folgt: Stilrichtungen, die zur Übertreibung neigen, werden, neben anderen Schwächen, auch leicht eine unverhältnismäßig häufig wiederkehrende Geminatio verwenden. Zur Übertreibung aber neigen von Stilrichtungen, die für den jungen Goethe in Betracht kommen, in erster Linie der **Sturm und Drang** und die larmoyante Gefühlsseligkeit, die **weltschmerzliche Sentimentalität**. Der Sturm und Drang — es ist kein Zweifel, und es wird auch noch bewiesen werden — hat die **zahlreiche Geminatio im B** veranlaßt, durch **Sturm und Drang, Empfindsamkeit** und durch die **französische Quelle** ist sie so zahlreich in den „Clavigo" gelangt.

Substantive in der Geminatio.

64 Belege fand ich, 6 in Clav.:

Clav. 378. „Man braucht seinen ganzen Kopf, und die Weiber, die Weiber! man vertändelt gar zu viel Zeit mit ihnen."

Die darin enthaltene Geminatio ist tadellos: man weiß, wozu sie dient.

Clav. 428. „Mein Herz! Mein Herz!"
ruft Marie aus, während sich ihr Bruder in seinen grimmigen Wutanfällen ergeht. Der Ausruf entringt sich ihr unter der Qual

des seelischen und körperlichen Leidens: da ist nichts natürlicher als die Geminatio; man braucht ja nur dem alltäglichen Leben die Ohren zu öffnen, um sich davon zu überzeugen.

Ebenso:

Clav. 429. „Ach! Luft! Luft! (sie fällt zurück) Clavigo!"

Ganz und gar decken sich die folgenden Beispiele:

Clav. 385. „Meine Schwester, meine Schwester! Wer glaubte, dafs du so unschuldig als unglücklich bist."

Clav. 383. „Meine Schwester! (von der ältesten weg, nach der jüngsten zustürzend.) Meine Schwester! Meine Freunde! O meine Schwester!"

Durch das anhaftende „meine" wird diese Geminatio nach unserm Geschmacke steif. „Schwester! Schwester!" wirkte besser, wenn wirklich eine Verdoppelung geschehen mufste. Einen inneren Grund dafür sehe ich freilich, bezüglich des ersteren Beispiels wenigstens, nicht ein; denn im letzteren steht die Schwester in ihrer abgehärmten Leidensgestalt vor dem Bruder, und er legt seine schmerzliche Überraschung in den Ausruf. Aber in dem ersten Passus reflektiert er lediglich, so dafs das affektvoll verdoppelte „meine Schwester" weiter nichts ist als ein Beharren in der Schreibart des Schriftstellers Beaumarchais; man kann es auch Rokokomanier nennen. So reden die Leute im B nicht: gerade das Wort „Schwester" ist auch dort mehrfach in der Geminatio belegt:

B 131. „Wir wollen fort. Schwester, Schwester!"

B. 57. „Schwester, Schwester! ihr erzieht keine Kinder dem Himmel."

B 58. „Schwester, Schwester! ein garstiger Mifsverstand."

In dieser Atmosphäre gesundesten Lebens verfällt man nicht darauf, das ungelenke „meine" hinzuzufügen, wie auch Maria an demselben Orte sagt: „Bruder! Bruder!" und nicht „mein Bruder! mein Bruder!"

Aber — könnte einer ausfindig machen! — es findet sich doch sogar in der gewifs nicht konventionellen und gewifs nicht gemachten, grofsartig-schauerlichen Scene, in der der grimme

Metzler sein schreckensvolles Racheprogramm entwickelt, auch der Ausruf: „Mein Bruder! Mein Bruder!"

Ganz recht! Doch man erwäge nur die Sachlage dort und die Umstände, unter denen der Ausruf erfolgt:

„Wenn ich sie ein Jahrhundert bluten sähe, meine Rache würde nicht gesättigt. O, mein Bruder! mein Bruder! Er liefs dich in der Verzweiflung sterben! Armer Unglücklicher! die Flammen des Fegfeuers quälen dich ringsum."

In solcher Diktion glutvollster Leidenschaftlichkeit werden die Worte natürlich anders bemessen: was oben schleppender Überflufs war, wird hier plastische Fülle und Anschaulichkeit.

Die Geminatio des Substantivs ist im B weit häufiger als im „Clavigo"; in der Regel ist sie aber trotz ihrer Häufigkeit wohl berechnet und begründet:

B 366. „O Kayser! Kayser! Räuber beschützen deine Kinder."
B 196. „Himmlische Luft — Freiheit! Freiheit!"
B 177 „Schicksal, Schicksal! warum hast du mich an einen Elenden geschmiedet?"
B. 109. „Deutschland! Deutschland, du siehst einem Moraste ähnlicher als einem schiffbaren See."
B 109. „Heiliger Gott! Heiliger Gott! Was ist das!"
B 372. „Gift. Gift. Von eurem Weibe. Ich. Ich."
B 189. „Ich bitte dich, geh. Elend! Elend! ganz allein zu sterben . . ."
B 181. „Ein Strahl, ein Strahl von Hoffnung."

Aus den übrigen Werken biete ich folgende Auslese dar:

W 302. „Gedult! Gedult! Es wird besser werden."
S 647. „Erquikung! Erquikung! Hier wo du athmest, schwebt alles in genüglichem innigen Leben."
Mis III 171. „Ach Herre Gott! Ach Herre Gott
Erbarm dich doch des Herren.
O Maler! Maler ruf ich laut,
Belohn dir Gott dein Malen!"
Mis II 42. „Und ich rufe Natur! Natur! nichts so Natur als Schäckespears Menschen."

K 569.   „Himmel, Himmel, welche Quaal!
            Einen Kuſs doch nur einmal!"
K 587.   „Mein Kind! Mein Kind! (zu Camillen und Sybillen) Steht ihr da! Gukt ihr zu!"
Mis III 176.   „Die Verwandlung, ach! wie groſs!
            Liebe, Liebe laſs mich los!"
U 81.   „Jammer! Jammer! von keiner Menschenseele zu fassen . . ."
U 60.   „Sich hinzugeben ganz und eine Wonne
            Zu fühlen, die ewig seyn muss!
            Ewig! — Ihr Ende würde Verzweiflung seyn.
            Nein, kein Ende! Kein Ende!"
Br. I 107.   „Da hast du Annetten. Es ist ein verwünschtes Mädgen. Der Sack! Der Sack!"
Br. I 138.   „Gott, Gott! Warum muſste ich sie in diesem Augenblicke entschuldigen."
W 237.   „Da ist gleich vor dem Orte ein Brunn', ein Brunn', an den ich gebannt bin wie Melusine mit ihren Schwestern."*)
Br. II 243.   „Beste — Geduld Geduld hab mit mir!"
Mis I 275.   „Röslein, Röslein, Röslein roth**),
            Röslein auf der Haiden."

Eigennamen in der Geminatio.

Um von dieser Geminatio eine richtige Vorstellung zu bekommen, müſste in Citaten, die sie veranschaulichen sollen, jedesmal ein gröſserer Teil der Umgebung mit ausgeschrieben werden; das wäre indessen zu umständlich; und da diese Geminatio überhaupt nicht sehr charakteristisch ist, genügt es, wenn ich lediglich die geminierten Eigennamen in einer Reihe von Belegstellen mitteile. Man wird sehen, wie beliebt diese Verdoppelung ist:

Clav. 417.   „Carlos! Carlos!"
Clav. 435.   „Clavigo! Clavigo!"

---

*) Die Eigenart dieser Geminatio ist beachtenswert.
**) Eine „Trigeminatio"!

Clav. 407. „Marie! Marie!"
Clav. 407. „Marie! Marie!"
Clav. 408. „Marie — Marie — Marie. —"*)
B 68. „Weislingen, Weislingen!"
B 189. Marie! Marie! du bist gerächt!"
B 80. „Gottfried, Gottfried!"
B 80. „Gottfried! Gottfried!"
B 151. „Weislingen! Weislingen!"
B 194. „Sickingen! Sickingen!"
B 186. „Gottfried! Gottfried!"
S 616. „Carl! Carl!"
S 666. „Stella! Stella!"
S 629. „Stella! Stella! Wie lieb du mir bist."
S 629. „Stella! Stella! Ich komme!"
E 532. „Ihr Götter erhört mich!
O gebt ihn zurück!
Erwin! Erwin!"
U 89. „Meph: Sie ist gerichtet! :er verschwindet mit Faust, die Thüre rasselt zu man hört verhallend: Heinrich! Heinrich!"
Br. II 272. „Gustgen! Gustgen! Ein Wort dass mir das Herz frey werde, nur einen Händedruck."
Br. I 264. „Herder! Herder, bleiben Sie mir, was Sie mir sind."
W 343. „Gott! bin ich strafbar, dafs ich auch jezt noch eine Seligkeit fühle, mir diese glühende Freuden mit voller Innigkeit zurück zu rufen, Lotte! Lotte!"

Das unbestimmte Pronomen „all" in der Geminatio.

Schon bei der Besprechung der Anaphora trat unter gewissen typischen Bildungen die anaphorische Iteratio des Pronomens „all"

---

*) Trigeminatio!

auf. Die Behandlung der Geminatio nötigt zu einem weit gründlicheren Eingehen auf das Verhalten dieses Pronomens. Eine so regelmäſsig wiederkehrende stilistische Gepflogenheit muſs aufhören, künstlerisch zu sein, das war oben bereits gesagt: Wie sehr wir dieselbe öfters lediglich als Manier anzusehen berechtigt sind, beweist folgender Umstand zur Evidenz: Marie spricht, während der Bruder erwartet wird, von dem Briefe, den er an die Geschwister schrieb. Da „jeder Buchstabe davon in ihrem Herzen steht", wird es auch wohl seine Richtigkeit mit der von ihr berichteten schriftlichen Auslassung ihres Bruders haben:

Clav. 381. „O dann alle Rache, alle, alle glühende Rache auf den Verräther!"

Dieser Bruder, Beaumarchais, erscheint nun und — wie verwunderlich! wie beschränkt! — wiederholt fast wörtlich, was er Monate vorher mit prunkhaft überladenen Worten ankündigte:

Clav. 384. „Will's Gott, du bist unschuldig, und dann alle, alle Rache über den Verräther."

Für diese armselige Einseitigkeit der Gedankenformulierung und Empfindungsäuſserung finde ich wieder nur eine Erklärung: Die Sprache des „Clavigo" rinnt nicht aus dem Urquell aller schönen Diktion; es mangelt an der inneren Wahrhaftigkeit dessen, was die Sprache den Sinnen übermittelt.

Darum kann dieselbe Bildung so oft wiederkehren, darum kann es sogar geschehen, daſs Beaumarchais in Paris in einem Briefe denselben Gedanken fast wörtlich so niederschreibt, wie er ihn später in Madrid unabhängig von jenem Briefe wiederholt. Und es handelt sich dabei nicht etwa um ein charakteristisches Schlagwort oder dergl.: nein! der so vielgestaltig formulierbare Gedanke, Rache üben zu wollen, fügt sich dem Redenden hier wie dort in dieselbe Form.

Und nun diese Form selber!

„ . . . alle Rache, alle alle glühende Rache auf den Veräter." Zunächst ist das Epipethon „glühend" neben „Rache" gar nicht korrekt: man redet von „glühendem oder brennendem Zorn", von „glühender Liebe"; man kann sagen „glühende Rachbegierde". Aber das Resultat dieser Rachbegierde, die Rache selber, kann nicht „glühend" sein. Und das superpathetische dreifache, bezüglich zweifache „alle" entschädigt keineswegs für jenes verfehlte Bild, im Gegenteil macht uns das gespreizte Pathos dieser Geminatio erst recht aufmerksam auf das Gebrechen, und so schädigt eins das andere.

Dieselbe inhaltlose Künstlichkeit und Angewöhnung ist zweifellos in den übrigen Beispielen enthalten:

Clav. 399. „Das ist alles, alles, warum ich Sie bitte ..."

Clav. 417. „Ha! das all all! sich in den Augen der Welt verächtlich zu machen ..."

Clav. 402. „Alles,! alles! und von dir spricht er ..."

Noch ärger erscheint dieser Mifsbrauch, wenn man eben bedenkt, dafs das „all" auch in der Anaphora verschiedentlich im „Clavigo" steht.

Nun ist aber — ein Blick auf mein Material lehrt es — dieser wiederholte Gebrauch eines geminierten „all" auf „Clavigo" durchaus nicht beschränkt, folglich könnte ja auch seine Verwendung im Clavigostile in einem anderen Lichte erscheinen. Wir wollen sehen! Es ist wahr, W z. B. hat völlig entsprechende Belege:

W 291. „... und alles, alles bevölkert mit tausendfachen Gestalten ..."

W 275. „Alles, alles verschlingt sich in dieser Aussicht."

W 323. „Alles, alles ist vorüber gegangen!"

W 351. „Wie ich mich gestern von Dir rifs, in der fürchterlichen Empörung meiner Sinnen, wie sich all all das nach meinem Herzen drängte, und mein hoffnungsloses, freudloses Daseyn neben Dir, in gräfslicher Kälte mich anpackte."

W 372. „Hier Lotte! Ich schaudere nicht, den kalten schröcklichen Kelch zu fassen, aus dem ich den Taumel des Todes trinken soll! Du reichtest mir ihn, und ich zage nicht. All! All! so sind all die Wünsche und Hoffnungen meines Lebens erfüllt! So kalt, so starr an der chernen Pforte des Todes anzuklopfen."

Die durch diese Beispiele erwiesene Thatsache ist eben nur ein weiterer Beleg für die Richtigkeit meiner schon mehrfach ausgesprochenen Ansicht, die berechtigten Eigenheiten der Diktion der Sentimentalität des „Werther" fänden sich im „Clavigo" stets nur in der Kopie. Was in W bedingt wird durch den Gegenstand, der vorgetragen wird, und durch die Empfindung, mit der es vorgetragen wird, muſs notwendig affektiert werden, mit Zwang und Kunst hergesucht werden in der Umgebung des Trauerspiels „Clavigo".

Wie überzeugend und nachdrücklich ein an rechter Stelle verdoppeltes „all" sein kann, geht übrigens auch aus den nachfolgenden, U und B entnommenen Beispielen hervor:

Br. 1 83. „... biſs ich Dir alles, alles, was ich schon längst hätte schreiben sollen geschrieben habe."

U 62. „Du lieber Gott was so ein Mann
Nicht alles alles denken kann."

S hingegen zeigt auch hier wieder eine innere Verwandtschaft mit „Clavigo": die gleiſsnerische, verwerfliche Unsittlichkeit der treibenden Ideen lenkte den Ausdruck unwiderstehlich auf die Bahn der Phrase.

Adjektive in der Geminatio.

Ein attributives geminiertes Adjektiv findet sich im „Clavigo" überhaupt nicht. Die Figur steht einmal im Ausrufe:

Clav. 420. „Treflich, Treflich! Schon den Schritt gethan und du hast mich so lange reden lassen. — "

und einmal im Prädikativ:

Clav. 425. „Nein, es ist, es ist nicht möglich, nicht möglich — du solltest gerochen werden."

Ein wörtlich übereinstimmender Passus begegnet uns in B:

B 288. „Und doch — wenn ich wieder dein Angesicht sehe, deine Stimme höre. Es ist nicht möglich, nicht möglich."

Die übrigen Fälle adjektivischer Geminatio in B tragen fast sämtlich eine ganz eigenartige, für die Diktion des ersten grofsen Jugendwerkes Goethes charakteristische Färbung.

B 186. „Matt! Matt! Wie sind meine Nägel so blau! Ein kalter, kalter verzehrender Schweifs lähmt mir jedes Glied."

B 187. „Bald wirft er sich auf den Boden mit rollenden Augen, schrecklich, schrecklich!"

B 171. „Ach Lersen, die Thränen stunden ihm in den Augen wie er Abschied von mir nahm. Es ist grausam, grausam!"

B 171. „Sie drohten ihn zu ermorden und sein Schlofs zu seinem Scheiterhaufen zu machen. Wenn er wieder kommen wird – ich seh ihn finster, finster."

Alle diese Verdoppelungen: „Matt! Matt! Wie sind meine Nägel so blau!" „kalter, kalter verzehrender Schweifs", „schrecklich — schrecklich!" „grausam, grausam" „finster, finster" drücken Vorstellungen der Nachtseite der Seele aus, sie zeichnen düstere Bilder; für solche aber hat gerade der Sturm und Drang eine Vorliebe, er weilt bei ihnen mit einem gewissen Behagen und trägt die Farben nicht selten zu stark auf, weil er meint, damit einen kräftigeren Effekt zu erreichen.

Das Volksmärchen kennt eine Form der Geminatio, die jedem Kinde geläufig ist: „Es war einmal eine alte, alte Muhme" beginnt ein deutsches Märchen. Die in dem „alte, alte" enthaltene Hyperbel ist gerade volksmäfsig. Die gleiche Geminatio lesen wir in B:

B 255. „Nein, da mufs man durch einen dicken dicken Wald, sind Zigeuner und Hexen drinn."

Damit ist zu vergleichen:

K 555. „Vom hohen hohen Sternenrund
Biss'n unter in tiefen Erdengrund,
Mufs nichts so schön, so liebes seyn,
Als nur mein Schäzel allein!"

Hinsichtlich des Vorkommens der adjektivischen Geminatio überhaupt werden sämtliche Werke überboten durch „Stella", wo die Häufigkeit ganz unerträglich wird.

VII. Kapitel.

Als Gegenstück zu dem „nicht möglich, nicht möglich" in Clav. und B treffen wir:

S 674. „Es ist unmöglich unmöglich! —"

Fast jedes Blatt enthält die eine oder andere Geminatio:

S 659. „In dem Augenblik da ich die Früchte der geopferten Blüthe einzuerndten gedachte — verlassen! — verlassen! —"

S 664. „Ja die Glüklichen! die Glüklichen!"

S 664. „Du blühst schön, schöner als sonst, liebe liebe Stätte der gehoften ewigen Ruhe .."

S 673. „Woran erinnerst du mich? — — Schröklich! Schröklich!"

S 677. „Liebster! Liebster! — Vergebens! Vergebens! —"

Umsonst bemüht sich der Autor, die innerliche Flachheit und Verderbtheit seiner „Stella" unter solch schillerndem Prunkgewande zu verstecken — all der funkelnde Glanz hält nicht stand vor dem säubernden und sichtenden Sprachgefühl. Der junge Dichter irrte sicher ab auf falsche Bahnen mit solchen, seines Genius unwürdigen Schöpfungen.

Für die Manier der „Stella" wollen wir nun aber Entschädigung suchen in der Echtheit und Aufrichtigkeit der Geminatio des Adjektivs in anderen Werken:

W 274. „Nein, mein Herz ist so verderbt nicht! Schwach! schwach genug! Und ist das nicht Verderben?"

Mis III 190.
   „Ich höre die liebe, liebe Stimme wieder,
   Die ganze Luft ist warm, ist blüthevoll!"

Br. III 24. „Wir dachten an dich liebe liebe Frau. Kommst doch heut Abend."

Br. II 88. „Denn ich binn allein, allein, und werd es täglich mehr."

Br. III 57. „Aber die Gegend ist herrlich herrlich! - -"

Br. I 128. ...„wenn der Krancke eine warme, sanfte Haud zu fassen hofft und eine kalte, kalte zu fassen kriegt."

E 552. „Ich gehe aus und ein träumend und wähnend; aber seelig, seelig ist mein Herz!"

K 587. „Todt! Todt! Hast du's gehört? Sie haben ihn erschossen. Erschossen. Mein Vater!"

Das Zeitwort in der Geminatio.

B 190. „Ich sterbe, sterbe und kann nicht ersterben."

B 191. „Ich hebe meine Hand auf und klage! klage! klage!"*)

B 194. „Wenn die scheufslichen Gestalten deiner Thaten dich nicht zur Hölle hinab schrecken, so blick auf, blick auf zum Rächer im Himmel, und bitt, mit dem Opfer genug zu haben, das ich ihm bringe."

B 182. „Gift — Gift — du Fluch des Himmels, der du unsichtbar um Missethäter schwebst und die Luft vergiftest die sie einziehen, stehe meinen Zaubermitteln bei! Verzehre, verzehre diesen Weislingen, den Verräther an der ganzen Welt!"

B 195. „Mein Mafs ist voll. Laster und Schande haben mich wie Flammen der Hölle mit teuflischen Armen umfafst. Ich büfse, büfse."

W 338. „Du fühlst nicht! Du fühlst nicht! dafs in deinem zerstörten Herzen, in deinem zerrütteten Gehirne dein Elend liegt, wovon alle Könige der Welt dir nicht helfen können."

Br. II 208. „Werther muss — muss seyn!"

U 5. „Du musst! Du musst! Und kostet es mein Leben."

Br. I 259. „Sind nicht die Träume deiner Kindheit alle erfüllt? frag ich mich manchmal, wenn sich mein Aug in diesem Horizont von Glückseeligkeiten herumweidet; Sind das nicht die Feengärten nach denen du dich sehntest? — Sie sind's, sie sind's!"

B 168. „Und dann stürm, stürm Winterwind! und zerreifs sie, und heul sie tausend Jahre um den Erdkreis herum"...

---

*) Trigeminatio!

U 74. Wohin ich immer gehe,
Wie Weh wie Weh wie wehe*)
Wird mir im Busen Hier.
Ich bin ach kaum alleine
Ich wein ich wein ich weine*)
Das Herz zerbricht in mir."

Br. I 137. „Ha! Dencke mich! Dencke mich! auf der Gallerie! mit einem Fernglafs — das schend! Verfluch! Oh Behrisch, ich dachte mein Kopf spränge mir für Wuht."

U 84. „Mein Schwesterlein klein
Hub auf die Bein
An einem kühlen Ort,
Da ward ich ein schönes Waldvögelein
Fliege fort! Fliege fort!"

Unter 17 Belegen dieser Form der Geminatio im „Clavigo" ist kaum eine, die sich an poetischem Werte etwa messen könnte mit jenem „stürm, stürm Winterwind!" Wie in B, trifft die Geminatio in Clav. meist einen Imperativ, nämlich in 14 von den 17 Beispielen. Da aber die Mehrzahl dieser Imperative an sich gar nicht irgendwie bedeutsam ist, so wird ihre Verdoppelung zu einer leeren Angewöhnung und es werden typische Wendungen geformt, wie:

Clav. 435. „Rette, rette den unglücklichen Bruder!"
Clav. 428. „Rette dich! Rette dich! Du bist aufser dir."
Clav. 417. „Rette mich! Freund! mein Bester, rette mich! Rette mich vor dem gedoppelten Meineid"...
Clav. 409. „Lafst! Lafst! Keine Grillen."
Clav. 408. „Lafst, lafst mich! meine Sinne vergehn."

In den übrigen Beispielen ist wohl mehr Abwechselung, mehr Inhalt indessen kaum**):

Clav. 393. „Bleiben Sie! Bleiben Sie!"
Clav. 398. „Schreiben Sie! Schreiben Sie!"

---

*) Trigeminatio!
**) Ausgenommen etwa: Clav. 132. „Haltet, haltet! schliefst den Sarg nicht!" und Clav. 429.

Die Geminatio.

Clav. 427. „Lies! Lies! Der Gesandte meldet unserm Bruder:"
Clav. 429. „Eile! eile! Das war ihr Schicksal!"
Clav. 409. „Lebt wohl! Lebt wohl! — Tausend Küsse dem Engel."
Clav. 395. „Helfen Sie! Helfen Sie"...
Clav. 434. „Ich komme! Ich komme!"

Eine Diktion, die in einigermafsen korrespondierenden Situationen stets mit denselben äufserlichen Mitteln Wirkungen zu erzielen sucht, entfernt sich ohne Zweifel weit von den Ansprüchen, die der reine Geschmack an die Behandlung der Sprachmaterie stellt; dieser wird sich um so weniger zufrieden geben, als das wirkliche Können des Schaffenden durch die frisch-natürliche Sprache eines „Goetz", durch die rauschenden Harfenklänge der Sprache eines „Werther" erwiesen ist.

Mit S verhält es sich wieder ähnlich wie mit Clav.:

S 662. „Lafs! Lafs! Ja ich habe dich gesucht;"
S 673. „Lafs! Lafs!"
S 677. „Lafs mich! Lafs mich!"
S 655. „Bleiben sie! bleiben sie nur!"
S 651. „Eben iezt! iezt! Schik die Mutter, Wilhelm; sie soll Freiheit haben — Fernando, ich will ins Bosket! Komm nach! Komm nach! "

Im B giebt es auch einige förmlich erstarrte, ein für allemal feststehende Bildungen von Geminatio des Zeitwortes:

B 159. „Komm, komm und fürchte nichts."
B 128. „Kommt, kommt!"
B 68. „Kommt! Kommt!"
B 47. „kommt! kommt!"
B 147. „Kommt! Kommt!"
B 62. „Geht, Geht!"
B 97. „Geht! Geht!"
Ebd. „Geht! Geht!"
B 168. „Geht! geht!"
B 95. „Geht! Geht!"

Die Einseitigkeit dieser Bildungen wird niemand in Abrede stellen wollen; aber die prächtigen Erscheinungen stimmungsvoller Geminatio in B, die wir oben kennen lernten, bieten doch einen Ausgleich.

Fernere Belege verbaler Geminatio sind:

W 311. „Albert! Leb wohl, Leb wohl, Engel des Himmels, leb wohl, Lotte!"

W 349. „Ich fürchte, ich fürchte, es ist nur die Unmöglichkeit mich zu besitzen, die Ihnen diese Wünsche so reizend macht."

W 335. „Ich soll, ich soll nicht zu mir selbst kommen," ...

W 302. „Ich merke, ich merke, das Schicksal hat mir harte Prüfungen zugedacht."

W 348. „Ich bitte Sie, fuhr sie fort, es ist nun einmal so, ich bitte Sie um meiner Ruhe willen, es kann nicht, es kann nicht so bleiben!"

E 519. „Ich muſs, ich muſs ihn sehen
  Den Göttergleichen Mann!
      Bernardo.
  Ich will, ich will nur sehen,
  Ob er nicht trösten kann!"

Mis I 265.
„Wie? nie dich wiedersehn? — Entsetzlicher Gedanke! Ström' alle deine Qual auf mich!
Ich fühl' ich fühl' ihn ganz — es ist zu viel — ich wanke Ich sterbe, Grausame — für dich!"

Mis I 167. „Was soll, was kann ich thun! Er darf, er darf nicht gehen."

Br. I 258. ... „und meine animula vagula ist wie's Wetter-Hähngen drüben auf dem Kirchthurm; dreh dich, dreh dich, das geht den ganzen Tag, obschon das bück dich! streck dich! eine Zeit her aus der Mode kommen ist."

Der Infinitiv wird nicht oft geminiert in den Jugendwerken Goethes; ich konnte nur 8 Beispiele auffinden, drei davon stehen im „Clavigo":

Clav. 429. „Dich verlassen! dich verlassen!"

Clav. 378. „Und heurathen! heurathen just zur Zeit, da das Leben erst recht in Schwung kommen soll,"...

Clav. 381. „Aber bedauern, bedauern sollt er mich!"

Die anderen lauten:

Br. II 273. .....und Sie bitten, bitten, um Antwort, um ein Wort aus meinem Herzen."

W 363. „Aber die Zeit meines Welkens ist nah, nah der Sturm, der meine Blätter herabstört! Morgen wird der Wanderer kommen, kommen der mich sah in meiner Schönheit,"...

W 327. „Der Wanderer wird kommen, kommen, der mich kannte in meiner Schönheit"...

S 645. „Sag ihm, er soll kommen, kommen! geschwind! geschwind!"

U 87. „Nein, du sollst überbleiben, überbleiben von allen."

Ganze Sätze in der Geminatio*).

Clav. bietet drei Fälle derart:

Clav. 432. „Sie ruft mir! Sie ruft mir! Ich komme!"

Clav. 407. „Sie liebt mich! (er umarmt den Guilbert, den Buenko) Sie liebt mich noch!"

Clav. 432. „.... nimm mich mit dir! nimm mich mit dir!"

In anderen Werken finden sich weitere Beispiele:

K 552. .....und ich ihr entgegenrief: das ist der Tag! das ist ihr Tag! "**)

E 531. „Ha! sie liebt mich!
Sie liebt mich!
. . . .
„Ja, sie liebt dich,
Sie liebt dich!"

B 189. „Du Seele voll Liebe! bete für mich, bete für mich!"

Mis III 204. „Besem kauft, Besem kauft
Grofs und klein

---

*) Einige der in der Rubrik „Geminatio des Zeitwortes" mitgeteilten Belege könnten auch hier aufgeführt werden.
**) In K 552 und in der Stelle aus Clav. 407 ist die Geminatio nicht ganz rein, denn bei der Wiederholung ist der Satz ein wenig verändert: in Clav. 407 trat ein „noch" hinzu, in K 552 ward aus „der" ein „ihr".

Schroff und rein
Braun und weifs
All aus frischem Birkenreifs
Kehrt die Gasse Stub und Steifs
Besemreifs Besemreifs."

B 186. „Lafs mir Ruh! Lafs mir Ruh!"
B 59. „Der Papa! Der Papa! Der Thürner bläs't das Liedel: Heysa! Mach's Thor auf! Mach's Thor auf!"

Partikeln in der Geminatio.

Geminierte Partikeln sind sowohl im „Clavigo" wie in den übrigen Werken eine häufige Erscheinung. Den Grund dafür glaube ich in folgendem Umstande zu erblicken: Sehr viele Partikeln treten an und für sich im Satze wenig hervor, weil die Kraft ihres begrifflichen Inhalts eine minder nachhaltige ist als die anderer Redeteile, aufser wenn sie durch besonders starke Betonung bemerkbar werden. Da sie nun auch, mit geringer Ausnahme, einsilbige, flüchtig verklingende Wörtchen sind, liegt die Versuchung um so näher, ihnen durch die Verdoppelung mehr Gewicht zu verleihen. Sonst würden manche Partikeln, deren die Rede sehr oft bedarf, nicht viel zahlreicher in der Geminatio gefunden werden als andere, weniger typische. Beispiele werden den Beweis der Richtigkeit dieser Erwägungen bringen. Betrachten wir also geminierte Partikeln:

„Nein."

Clav. 424. „Nein, nein. Ich sehe dein Angesicht nur wenige Zeit; ..."
U 88. „Der! Der! Lass ihn schick ihn fort! Der will mich! Nein! Nein! Gericht Gottes komm über mich,"...
Clav. 425. „Nein, nein. Du bist gleich so besorgt."
B 183. „Nein! Nein!"
B 104. „Nein, nein, nein!"*)
B 176. „Nein! Nein!"
E 524. „Nein! Nein! Sie sind kalt, sie sind flatterhaft."
Br. I 111. „Die schröcklichste Eifersucht sollte sie quälen. Doch nein, nein, das kann ich nicht."

*) Trigeminatio.

E 527. „Erwin! Sie liebt dich:
Erwin. Nein! Nein!"

Für B beinahe charakteristisch ist ein geminiertes „wehe" eine Thatsache, die ich auf Rechnung des Sturm und Drang setze.

B 155. „Wehe, wehe denen Grofsen!"...
B 190. „... und ruft über die Missethäter: Wehe! Wehe!"
B 185. „Weh! Weh!"
B 191. „Streckt eure Händ empor und ruf weh! über sie, wehe! weh!"
B 131. „So bleib denn. In wenigen Stunden wird meine Burg umringt seyn.
Maria. Wehe, wehe!"
B 191. „Weh! Weh! Weh!"*)

In den sonstigen Werken ist dieses verdoppelte „wehe" nur vereinzelt zu finden:

Mis II 5. „Weh Weh innre Wärme
Seelen Wärme,
Mittelpunkt!"
U 84. „Weh! Weh! sie kommen. Bittrer Todt!"
U 75. „Weh! Weh!
Wär ich der Gedanken los
Die mir rüber und nüber gehn,
Wieder mich."
Mis II 198.
„Weh! weh! Schrecken und Todt
Es droht
Herein der jüngste Tag im Brausen..."
Mis III 460. „Gewalt! Weh! Weh!"

Vom anderen Partikeln fand ich noch die folgenden mehrfach in der Geminatio:

„nirgend":

Clav. 384. „Nirgend, nirgend in der Welt mangelt es an theilnehmenden beystimmenden Seelen,"...

*) Trigeminatio.

Mis II 199.
>"Nirgends, nirgends find ich Ruh
Schliesse meine Augen zu"...

„wohl":
B 125. „Wohl! Wohl!"
B 125. „Wohl! Wohl!"
B 168. „Wohl! Wohl!"
Mis III 464.
„Wohl, wohl! - diefs Herze sehnt sich oft
Ach nirgend hin und überall doch hin! "
K 584. „Wohl, Wohl."
Br. II 183. „Heute zum erstenmal Wohl! Wohl!"

„fort":
Clav. 429. „Fort! fort! Kommen Sie mit mir,"...
B 352. „Fort, fort, dafs wir den Mordhunden entgehen."
B 367. „Fort fort! Alles verlohren. Unser Hauptmann erschossen. Götz gefangen."
Br. I 9. „Mit jungen schönen W doch was geht dich das an! Fort! fort fort!*) Gung von Mädgen."
E 492. „Er will uns beschwätzen. Fort! Fort!"

„nimmer":
Clav. 402. „Nimmer, nimmermehr!"
S 680. „Nimmer! Nimmer!"

„immer":
W 262. „Immer, immer wiederhol ich die goldnen Worte des Lehrers der Menschen..."
S 659. „Er liebte mich immer, immer! Aber er brauchte mehr als meine Liebe."
Mis III 178. „Immer zu! Immer zu!
          Ohne Rast und Ruh'!"
Mis III 151.
„Mein halbes Leben stürmt ich fort,
Verdehnt' die Hälft' in Ruh.
Und du, du Menschenschifflein dort,
Fahr immer, immer zu."

---

*) Trigeminatio!

„auf":
: Clav. 418. „Auf, auf mein Freund! und entschliesse dich."
: B 174. „Sorgt für unsre Haut und eure. Auf! auf!"
: B 355. „...Auf! Auf! wir ziehen nach Heilbronn zu! rufs herum!"

„hinauf":
: Mis III 181. Hinauf! Hinauf strebt's.
: Es schweben die Wolken
: Abwärts,...
: Clav. 377. „... ich wäre nichts, wenn ich bliebe was ich bin! Hinauf! hinauf! Und da kostets Mühe und List!"

„hinan":
: Mis III 166.
: „Hinan! Hinan! es heulet laut
: Gebrüll der Feinde Wuth"...
: Mis III 166. „Ich dränge mich hinan hinan!"

„wohin":
: E 527. „Weh mir! Wohin? Wohin?"
: S 670. „Glauben sie's nicht gnädige Frau! es ist alles aufgepackt: der Herr geht mit.
: Fernando. Wohin? Wohin?"

„nun":
: U 50. „Nun, nun das konnte gehn und stehen..."
: K III 571. „Nun, nun! Ermannt euch Herr! Kommt!"
: S III 653. „Nun, nun! Gott wird ihr eins wieder schenken! Und werden's behalten, und werden bleiben - und"...

„lange":
: Mis III 186. . . . .
: „Und bleiben lange lange
: Fort ewig so gesellt."
: B 105. „Wohl kam ich, und mufst im Vorsaal stehen, lang! lang!"
: S 665. „Wo bleibst du mein Bester? Wo bist du? Ich bin lang, lang, allein."

Geminiertes „Ade! Addio!" u. dgl. findet sich so häufig, zumal in Br., dafs Beispiele ganz überflüssig sind.

VII. Kapitel.

Eine Reihe von Partikeln ist **nur je einmal belegt** in der Geminatio; doch ist diese Geminatio in den meisten Fällen weit gehaltvoller als die mehrfach wiederholten Bildungen, was auch leicht zu begreifen ist; denn der Umstand, dafs die letzteren mehrfach vorkommen, deutet, wie ich bereits oben bemerkte, schon darauf hin, dafs es sich dabei mehr um einen Usus handelt, als dafs die jedesmalige Formulierung ein individuelles Gepräge trüge. Solche einmalige Geminationen sind:

W 328. „ich denke oft! Wenn du sie nur einmal, nur einmal an dieses Herz drücken könntest."

Br. II 167. „Soll ich denn niemals wieder, niemals wieder deine Hand halten Lotte?"

B 168. „... bis die Welt in Flammen aufgeht, und dann mitten, mitten mit ihnen in's Feuer!"

S 646. „Und ich in dem Augenblik da ich ihn wiederfinde auf ewig! auf ewig!"

E 515. „Bis mich das Liebchen abgepflückt,
Und an dem Busen matt gedrückt,
Ach nur! Ach nur!
Ein Viertelstündchen lang."

Mis I 267. „Balde seh' ich Rickgen wieder
Balde bald umarm' ich sie
Munter tanzen meine Lieder
Nach der süfsten Melodie."

B 196. „Himmlische Luft Freiheit! Freiheit! (Er stirbt.) Elisabeth. Nur droben, droben bei dir! Die Welt ist ein Gefängnifs."

U 54. „Und diese Glut von der ich brenne
Unendlich, ewig, ewig nenne"...

Faust.

U 83. „Sie streuen und weihen!

Meph.

Vorbey! Vorbey!"

Meinem schon früher angewandten Verfahren entsprechend, beschliefse ich auch die Darstellung der Geminatio nicht ohne längere Citate mitzuteilen, **denen auffallend häufige Verwendung von Geminatio eigen ist**. Auch ohne bei den einzelnen Belegen besonders aufmerksam gemacht zu werden, wird der nachdenkende Beobachter die bezüglich ihres künstlerischen Wertes bestehenden Verschiedenheiten und Abstufungen wahrnehmen:

Br. I 134. „Ha Behrisch da ist einer von den Augenblicken! Du bist weg, und das Papier ist nur eine kalte Zuflucht, gegen deine Arme. O Gott, Gott. — Lafs mich nur erst wieder zu mir kommen. Behrisch, verflucht sey die Liebe. O sähst du mich, sähst du den elenden wie er rafst, der nicht weifs gegen wen er rafsen soll, du würdest jammern. **Freund, Freund!** Warum hab ich nur Einen?"

... „Könnte ich nur zu einer Ordnung kommen, oder käme Ordnung nur zu mir. **Lieber, lieber**. . . . . . . Tausend Sachen, und nicht die rechte. — O **Behrisch, Behrisch!** Mein Kopf . . .

. . . Sieh Berisch in dem Augenblicke da sie mich rasen macht fühl ich's. Gott, Gott warum mufs ich sie so lieben. Noch einmal angefangen Annette macht   nein nicht macht. **Stille, Stille**, ich will dir alles in der Ordnung erzählen."

W 365. „**O vergieb mir! vergieb mir!** Gestern! Es hätte der letzte Augenblick meines Lebens seyn sollen. O du Engel! zum **erstenmale, zum erstenmale** ganz ohne Zweifel durch mein einig innerstes durchglühte mich das Wonnegefühl: **Sie liebt mich! Sie liebt mich!** Es brennt noch auf meinen Lippen das heilige Feuer, das von den deinigen ströhmte, neue warme Wonne ist in meinem Herzen. **Vergieb mir, vergieb mir.**"

S 665. „Hier soll er mich finden, hier an meinem Rosenaltar, unter meinen Rosenzweigen! diese Knöspgen will ich ihm brechen   — **Hier! Hier!** Und dann führ ich ihn in diese Laube. **Wohl, wohl** war's, dafs ich sie doch, so **eng eng** sie ist, für zwei eingerichtet habe" —

Clav. 431. „**Nein! Nein!** Du sollst nicht sterben. **Ich komme! Ich komme!**

V e r s c h w i n d e t, Geister der Nacht, die ihr euch mit ängstlichen Schrecknissen mir in den Weg stellt   V e r s c h w i n d e t!   Sie stehen! Ha! sie sehen sich nach mir um! Weh! Weh mir! es sind Menschen wie ich. Es ist wahr   Wahr   Kannst du's fassen! S i e i s t t o d t   Es ergreift mich mit allem Schauer der Nacht das Gefühl, s i e i s t t o d t."

Clav. 427. „Er verräth uns! — Er verräth uns! Hier! hier! es ist alles so dumpf so todt vor meiner Seele, als hätt ein Donnerschlag meine Sinnen gelähmt. Marie! Marie! du bist verrathen!   Und ich stehe hier! Wohin   was   Ich sehe nichts, nichts! Keinen Weg! Keine Rettung!"*)

Die Gesamtheit meiner Beobachtungen über den Gebrauch der Geminatio im Stile des jungen Goethe ergiebt nun, um das Resultat kurz zusammenzufassen, folgendes: G e w i s s e t y p i s c h g e w o r d e n e G e m i n a t i o n e n g e h ö r e n z u d e n B e s o n d e r h e i t e n d e r S c h r e i b w e i s e d e s j u g e n d l i c h e n D i c h t e r s. Wenn nun auch ohne Widerrede in dieser stilistischen Gepflogenheit ein Mangel erkannt werden muſs, so begegnen wir doch in der Mehrzahl der Werke einem solchen Reichtum an wahrhaft künstlerischen Bildungen dieser Art, daſs jener Mangel dadurch ganz zurücktritt. An dem so sich vollziehenden Ausgleiche hat aber „Clavigo" und — füge ich auch hier nachdrücklich hinzu — „Stella" den geringsten Anteil. Der weitaus gröſste Teil der in diesen beiden Stücken vorhandenen Fälle von Geminatio beruht entweder auf Künstelei und rhetorischer Mache oder auf der rein äuſserlichen Angewöhnung, gewisse Redeformeln lieber verdoppelt als einfach zu benutzen, o h n e d a ſ s d i e j e d e s m a l i g e S i t u a t i o n z u d e r s p r a c h l i c h e n S t e i g e r u n g b e r e c h t i g t, w e l c h e n a t u r g e m ä ſs d e r G e m i n a t i o i n n e w o h n t.

---

*) Man übersehe nicht, daſs in der Mehrzahl dieser Beispiele neben der Geminatio auch Anaphora und Asyndeton vielfach zu finden sind. In einigen Fällen weist gesperrter Druck auch darauf hin.

Anhang.

1. Die „zersprengte" Geminatio.

Was ich unter „zersprengter" oder „zerrissener" Geminatio verstehe, habe ich bereits in Kapitel VI dargelegt, als die Rede war von einer Mischung aus Anaphora und dieser unreinen Form der Geminatio. Die Erscheinung ist ziemlich häufig; ich kann sie darum nicht als mit jener Besprechung erledigt betrachten, zumal gerade „Clavigo" die reichlichste Veranlassung bietet, näher darauf einzugehen. Unter 40 Belegstellen insgesamt nämlich, die mir Aufschluß geben über diese Bildung, stammen 12 aus „Clavigo".

Diese zersprengte Geminatio fällt sehr energisch in das Ohr, weit energischer als die reine Geminatio, wenn ein den Inhalt des verdoppelten Wortes oder Satzes noch verstärkendes Glied die geminierten Redebestandteile trennt:

S 664. „mir schaudert vor dir kühle lokre Erde mir schaudert vor dir ."

S 628. „So seh' ich dich wieder? Himmlischer Anblick! So seh' ich dich wieder!"

K 583. „Hab ich dich, Vogel; Hab ich dich?"

B 104. „Sie ist schön, bei meinem Eid! sie ist schön."

K 582. „Wer kommt? O, Teufel! wer kommt?"

Clav. 433. „.... ich muſs sie sehen, Trutz dem Teufel! Ich muſs sie sehen."

Clav. 434. „Rette dich, Unbesonnener! rette dich, eh der Tag anbricht."

Clav. 435. „Fort, Unglücklicher! fort!"

Das trennende Zwischenglied steht hier inhaltlich allemal in ganz bestimmter Beziehung zu der betreffenden Geminatio und letztere, wie gesagt, erhält dadurch eine sehr förderliche Stütze.

Wenn aber lediglich ein Eigenname oder ein „mein Herr" etc. die Trennung veranlafst, so fällt die Geminatio einfach auseinander, ohne dadurch zu gewinnen; vielmehr erscheint die Verdoppelung der Begriffe in der Regel dann überhaupt mehr oder minder überflüssig, sie wird eine rhetorische Floskel, durch deren Fehlen die Wendung nichts einbüfsen würde. Das trifft vor allem „Clavigo":

Clav. 417. „Ermanne dich, Clavigo, ermanne dich!"

Clav. 384. „Kommt, Schwester! Kommt! Legt euch einen Augenblick nieder."

Clav. 396. „Die Erklärung, mein Herr, die Erklärung!"

Einen ganz anderen Charakter haben die nachfolgenden Beispiele:

Clav. 414. Hast du vergessen, was für Männer dir den Umgang, die Verbindung mit Marien mifsriethen, hast du vergessen, wer dir den klugen Gedanken eingab, sie zu verlassen?"

Clav. 415. „Wie ist das zugegangen? wird man in der Stadt fragen. Wie ist das zugegangen? fragt man bey Hofe. Um Gotteswillen, wie ist das zugegangen?"

In diesen Partieen wird die Trennung der geminierten Sätze durch weit umfangreichere Glieder bewirkt; wie energisch der den Dialog meisterlich beherrschende Carlos gerade mit diesem Mittel wirkt, darauf wies ich schon in Kapitel VI hin.

Nur noch zwei jenen eben citierten Belegstellen ganz entsprechende Bildungen fand ich:

S 616. „Er ist wieder da! Seht ihr ihn? er ist wieder da! Siehst du ihn Göttinn? er ist wieder da! Wie oft bin ich Thörinn auf und ab gelaufen, hier, und habe geweint, geklagt vor dir. Er ist wieder da! Ich traue meinen Sinnen nicht. Göttinn! ich habe dich so oft gesehen, und er war nicht da nun bist du da und er ist da! Lieber! Lieber! du warst lang weg Aber du bist da! (ihm um den Hals fallend). Du bist da! Ich will nichts fühlen, nichts hören, nichts wissen, als dafs du da bist!"*)

U 85. „Wo ist er! Ich hab ihn rufen hören! er rief Gretgen! Er rief mir! Wo ist er! Ach durch all das Heulen und Zähneklappern erkenn ich ihn, er ruft mir: Gretgen! :Sich vor ihm niederwerfend: Mann! Mann! Gieb mir ihn schaff mir ihn! Wo ist er!"**)

2. Nur durch Beispiele lenke ich die Aufmerksamkeit auf gewisse sprachliche Formationen, die ihrer Struktur nach am passendsten im Anschlusse an die Geminatio betrachtet werden.

Clav. 383. „Bist du da! Gott sey Dank, du bist da!"

Clav. 426. „Fehlt dir was? Heiliger Gott! was fehlt dir?"

Clav. 383. „Mein Herz, mein armes Herz!"

Clav. 426. „Gut, ganz gut! Denkst du denn, Bruder?"

Clav. 431. „Todt! Marie todt!"

B 276. „Götz, theurer Götz..."

B 117. „Ihr seyd mir willkommen, doppelt willkommen"...

Mis III 502. „Was mag der Fürst für Absichten haben! Den Wald! den schönen Wald!"

Br. II 200. „Und wie ich in deinem letzten Briefe dich ganz erkenne Kestner, dich ganz erkenne Lotte, so bitt ich bleibt! bleibt in der ganzen Sache, es entstehe was wolle. —"

W 260. „... so darf ich nicht sagen, dafs ich die Freuden, die reinsten Freuden des Lebens nicht genossen habe."

---

*) Beachte die merkwürdige Variation des Thomas „Er ist wieder da!"
**) Ein Vergleich zwischen diesem Passus und dem vorhergehenden könnte zu interessanten Ergebnissen führen: ich mufs darauf verzichten.

W 349. „Weise! rief er, sehr weise! hat vielleicht Albert diese Anmerkung gemacht? Politisch! sehr politisch!"

K 592. „Ha, wie das all drängt und tobt, die verborgne mir selbst bisher verborgne Leidenschaft!"

Br. II 113. „Die liebe Max de la Roche heurathet — hierher einen angesehenen Handelsmann. Schön! Gar schön."

Alle diese Beispiele tragen einen gemeinsamen Zug, sind aber trotzdem wieder sehr verschieden gestaltet; man könnte ihnen allen deshalb nur mit einer eingehenderen Erörterung gerecht werden. Diese würde mir aber einen zu weiten Raum beanspruchen. Und da ja auch die reine Geminatio in jeder Beziehung in meiner Darstellung zur Geltung gekommen ist, so lasse ich es mit dieser schematischen Übersicht bewenden.

3. Ebenfalls im Anhange zur Geminatio erörtere ich eine stilistische Besonderheit, die vor allem im Dialoge angetroffen wird: hier nämlich pflegt ziemlich häufig ein Schlagwort aus der Rede des einen Partners von dem andern im Eingange seiner Replik aufgegriffen zu werden, und zwar meist, um es zu kritisieren oder abzulehnen. Folgende Belege veranschaulichen diese Ausdrucksweise:

Clav. 413. „Clavigo. Ich gestehe dir, das waren oft auch meine Träume.

Carlos. Träume! So gewifs u. s. w."

Clav. 382. „Marie. Sag Schwester wie machen sie's in Frankreich, wenn die Liebhaber untreu sind?

Sophie. Man verwünscht sie.

Marie. Und?

Sophie. Und läfst sie laufen.

Marie. Laufen. Nun und warum soll ich Clavigo nicht laufen lassen?"

Unverkennbar bietet dieser Sprachgebrauch ein sehr glückliches Mittel, dem Dialoge pointierte Schärfe und lebendige Beweglichkeit zu verleihen. Mafshaltung indessen ist auch hier wieder dringend geboten, um so dringender, als sich die Bildung, wenn der Autor sie einmal, wie man landläufig sagt, in der Feder hat, sehr mühelos und bequem in die Diktion fügt. Der Dichter hat denn auch, im Bewußtsein der Zweischneidigkeit dieser rhetorischen Handhabe, sich vor dem Übermaße sehr zu hüten gewußt außer — im „Clavigo", wo ich der Erscheinung öfter begegnete als in allen Werken zusammen genommen. Ich sehe auch hierin einen Beleg für die Künstlichkeit und rhetorische Überladenheit des „Clavigo". Es darf doch ein edler Stil dem Hörer oder Leser dieselbe Manier nicht so oft zumuten, wie es in folgenden Beispielen geschieht:

Clav. 381. „Aber bedauern, bedauern sollt' er mich! . . .
    Bedauern! Ich mag nicht von den Menschen bedauert
    seyn."

Clav. 381. . . . . . und muß ich denn den verachten, den ich
    hasse! Hassen! Ja manchmal kann ich ihn hassen . . ."

Clav. 383. „Sophie. Beruhigt euch; lieber Bruder, ich hoffte
    dich gelassen zu sehn.
    Beaumarchais. Gelassener. Seyd ihr denn gelassen!"

Clav. 385. „Wer die Franzosen seyn mögen, die sich bey
    mir haben melden lassen? Franzosen!"

Clav. 411. „Carlos. In denen Umständen ist es recht gut.
    Clavigo. Umständen! Was meinst du mit den Umständen?"

Für die Beurteilung dieser Stellen ist dabei entscheidend das sonst so spärlich nachweisbare Vorkommen.

Der Dialog hat zwei Belege:

E 507. „. . . . was für eine Figur würden wir in der Gesell-
    schaft spielen?
    Olimpia. Was für eine Figur, Mädchen? die Figur, die
    eure Mütter gespielt haben . . ."

K 611. „In diesen edlen zärtlichen Empfindungen find ich
    das Ungeheuer nicht mehr, daß Claudinens Blut zu ver-
    gießen drohte.
    Crugantino. Claudinens Blut zu vergießen? . . ."

Andere Beispiele enthält W:

W 332. „Thun Sie's nicht! sagte sie, denken Sie an Lotten! — Denken! sagt ich, brauchen Sie mir das zu heissen? Ich denke! Ich denke nicht! Sie sind immer vor meiner Seelen."

W 366. „Und was ist dafs? dafs Albert dein Mann ist? Mann? -- das wäre denn für diese Welt "

II.

Einige Beiträge zur Charakteristik des Haupthelden und der Marie.

War es Aufgabe des ersten Teiles dieser Abhandlung, darzuthun, daſs der Sprache des „Clavigo" eine Reihe von Mängeln anhaftet, die die sonstige Diktion des jungen Dichters entweder gar nicht kennt oder doch nirgend in dieser Häufigkeit aufweist, darzuthun ferner, daſs diese Mängel im ganzen in ihrer letzten Konsequenz darin zusammentreffen, dem Stile das Gepräge äuſserer Rhetorik zu verleihen, so bezwecken die nachfolgenden kritischen Betrachtungen über den Charakter des Haupthelden, nachzuweisen, in wie enger Beziehung die sprachlichen Mängel zu dem minderwertigen künstlerisch-ästhetischen Gehalte des Dramas stehen. Die Kritik auf den Charakter des „Clavigo" in der Hauptsache dabei zu beschränken, scheint mir durch die Erwägung geboten, daſs dieser am meisten Anstoſs oder Bedenken erregt und am verschiedensten beurteilt wird und ferner seine Beurteilung in erster Linie den Ausschlag geben muſs für die künstlerische Schätzung des Ganzen.

Voraus schicke ich eine Übersicht über die Urteile, die Goethes Zeitgenosssen über „Clavigo" fällten; die historische Erinnerung nämlich wird ihre guten Dienste thun.

Das Urteil der Zeitgenossen des Dichters lautet nun sehr verschieden:

Klopstock konnte sich mit dem Trauerspiele gar nicht abfinden.

Merck*) wollte nichts davon wissen:

„Solch einen Quark muſst du mir nicht wieder schreiben; das können die andern auch."

Und in einem Briefe an Nicolai**) heiſst es:

---

*) Wahrh. u. Dicht. p. 265, Cotta Ausg. in 40 B.
**) Briefe aus dem Freundeskreise p. 133 unten.

„Sein Faust ist aber ein Werk, das mit der gröfsten Treue der Natur abgestohlen ist, und die Stella wie Clavigo sind aufrichtig nichts weiter als Nebenstunden."

Vofs meinte: „dafs man im Clavigo den Dichter des Goetz nicht wieder erkennen könne."

Wielands Beurteilung im „Teutschen Merkur" ist keineswegs anerkennend.

Frau von Stein dagegen findet das Stück „vortrefflich"*).

Auch Jacobi schätzte das Stück sehr.

Sehr arg tadelnd äufserte sich der greise Bodmer**): „Meine Erwartung von Goethe ist gefallen, sintdem ich sein Trauerspiel von Clavigo gelesen habe ... Der Clavigo ist Beaumarchais' Erzählung, verhunzt; Goethe hat ihn weniger anschaulich machen wollen, aber so wurde er auch trockener."

Mögen diese Urteile einzelner genügen; man sieht jedenfalls, das Lob fliefst nicht eben reichlich. Die ästhetischen Geister jener Tage konnten sich für das Trauerspiel wenig erwärmen. Wie aber verhielt sich das Publikum? Bei den Buchhändlern erfuhr das Stück starke Anfrage: 6 Drucke erschienen bereits 1774 bei Weygand***). Auf dem Theater ferner hatte es einen durchschlagenden Erfolg; bezeichnend ist ein Bericht über eine Aufführung in Gotha vom 16. März 1776, von Anton Schweizer an Bertuch gesandt†). Darin heifst es:

„Gestern wurde Clavigo aufgeführt ... Vielleicht ist nie ein Stück bei einer so ganz feierlichen Stille der Zuschauer aufgeführt worden. Ich sage Ihnen, es hat erstaunliche Sensation gemacht."

Die histor-krit. Theaterchronik von Wien schreibt:

„Fast kein Stück ist durchgängig mit so ungemeiner Zufriedenheit aufgenommen worden als dieses. Auch ist selten ein Stück von den Schauspielern mit so vielem Eifer, mit so viel Wahrheit gespielt worden. Marie und ihr Bruder, Clavigo und

---

*) Briefe Goethes an Fr. v. St., herausg. v. Schöll, Einl. pag. XVII.
**) Bodmer an Schinz Septbr. 1774.
***) Hirzel, neues Verzeichnis einer Goethebibliothek.
†) Goethe Jahrb. II, pag. 387.

Carlos leisteten, was der Verfasser fordern konnte. Der Schauplatz war so voll, als er sein konnte. Jedermann war begierig auf ein Stück, wovon man im Voraus grofsen Lärm gemacht hatte. So eine allgemeine Aufmerksamkeit war bisher noch nie dagewesen; kein Gedanke entging einem Zuschauer. Die Akteurs, Zuschauer waren in keinem Stück so mit einander bekannt als an diesem Tage."

Man sieht, dafs die Wirkung des „Clavigo" im Theater eine sehr starke war, wie sie es noch heute ist; dieser Bühnenerfolg ist durchaus kein Widerspruch gegen die Verurteilung, die von anderer Seite erfolgte; wir werden noch sehen, warum nicht. Verweilen wir noch ein wenig bei den Urteilen des 18. Jahrhunderts!

Auch in England brachte man dem Stücke lebhaften Anteil entgegen. Der Romanschriftsteller Mackenzie rühmt insbesondere die Marie, er bewundert:

„die kunstlose, jugendliche Einfachheit in der unglücklichen Heldin von Clavigo" *).

Und was sagte — denn das mufs bei dem Ursprunge der Quelle doch lebhaft interessieren! — was sagte Frankreich?

Frankreich begegnete der Dichtung ziemlich kühl, ganz im Gegensatze zu der Art, wie Werther aufgenommen wurde; denn die Wertheromanie ergriff Frankreich nicht minder als das übrige Europa, Clavigo dagegen brachte nichts Neues. Die unverkennbar französische Manier in der Behandlung des ja auch französischen Stoffes wirkte in Frankreich selbst natürlich am wenigsten epochemachend. Beaumarchais persönlich konnte dem Stücke auch nicht den geringsten Geschmack abgewinnen Er scheint es 1774 in Augsburg gesehen zu haben **), wo im Herbste eine Schauspielertruppe unter der Leitung des Franz Joseph Moser Vorstellungen gab. Beaumarchais streifte Augsburg auf einer Reise an den Hof der Maria Theresia. Wie er das Stück aufnahm, lehrt uns ein Brief an Marsollier. Dieser nämlich, ein unbedeutender Dramatiker der Zeit, hatte

---

*) Transactions of the Royal Society, Edingb. 1790.
**) Gegenwart XVII Nr. 25.

bereits vor Goethe dem fragment d'un voyage d'Espagne des Beaumarchais dramatische Form gegeben in „Beaumarchais à Madrid, comédie en trois actes." Dieses Stück ist ein einziges Mal aufgeführt worden, und zwar in Lyon, auf einem Liebhabertheater des Prinzen Conti. In einem Schreiben an Marsollier äufsert sich nun Beaumarchais sehr anerkennend über diese Dramatisierung seiner Affaire mit Clavigo. Er sei auf das heftigste erschüttert gewesen und habe viele Thränen vergossen etc. etc. Dann berichtet er im weiteren Verlaufe seiner Lobeserhebungen, er habe noch einmal später sich und diejenigen, die mit in jene Angelegenheit verwickelt gewesen, auf der Bühne gesehen und zwar in Deutschland in Augsburg. Aber wie habe jene Behandlung der Sache zurückgestanden hinter der Marsolliers!

„Der Deutsche hat den Stoff verdorben, indem er an meinen Bericht in dem Memoire sich nicht genügen liefs, vielmehr denselben durch ein Begräbnifs und einen Zweikampf überlud, Zusätze, die mehr Kopflosigkeit als Talent verraten."

Die im Obigen zusammengereihten Urteile des 18. Jahrhunderts über „Clavigo" kennzeichnen dessen Stellungnahme zu dem Drama zur Genüge. Wie urteilt man nun heute? Hat sich ein Wandel vollzogen und welcher dann? Diese Fragen sind sicher nicht müfsig: so bestimmt auch die Beurteilungen in den landläufigen Litteraturgeschichten und wo sonst über Clavigo gehandelt ist und wird, lauten, so wenig endgültig befriedigende Antworten geben sie dem, der den ästhetischen Gehalt des Clavigo zu erfassen strebt.

Mir will scheinen, als sei das Urteil über „Clavigo" vielfach nicht unbefangen genug, als sei man insbesondere gar zu sehr durch die Thatsache beeinflufst, dafs „Clavigo" ein Stück Selbstbekenntnis Goethes ist: ein solches Stück Selbstbekenntnis des Olympiers kann nicht wohl so gar arge Mängel aufweisen! Auf dem Theater hat sich das Drama erhalten; das verdankt es einem doppelten Umstande: erstens macht es seine geschlossene dramatische Struktur zu einem vorzüglichen Bühnenstücke; zweitens aber giebt sowohl der Charakter des Clavigo wie der Marie Virtuosen eine willkommene Gelegenheit, zu zeigen, wie der geniale Darsteller auch die anscheinend gröfsten Schwierigkeiten überwindet — was durchaus keinen Schluſs gestattet auf die Vortrefflichkeit des Ganzen: man denke nur an „Kean"! Der Charakter des Helden findet im Gros immer mifsfällige Beurteilung. Da wende nicht etwa jemand ein: Schiller habe das Publikum „dumm" genannt: der bühnenkundige Heinrich Laube wufste ganz genau, warum er sagte, jeder für sich sei zwar dumm, aber alle zusammen genommen werde ein **verflucht gescheiter Kerl daraus**! Ich habe noch keinen Laien, der den „Clavigo" sah, anders sagen hören, als „Clavigo sei ein Waschlappen!" oder ähnlich.

Nun aber die Kunstkenner!

Voran stelle ich zwei Urteile, die sich extrem ausschliefsen, das von Strehlke und von Danzel.

Von Clavigos Persönlichkeit heifst es bei Strehlke *):

„Clavigo schwankt haltlos von einer Empfindung zur andern und läfst sich nur durch die jedesmaligen Umstände in seinem Handeln bestimmen ... So sehen wir auch hier, wie die Zeit das Individuelle zerstört und das Typische hervortreten läfst! ..."

Danzel dagegen sucht den Clavigo durch die folgende geistreiche Erwägung zu retten: **)

„Die Schwäche Clavigos ist bei ihm für nichts anderes als ein Überwiegen des **ästhetischen Vermögens** anzusehen; es wird hier in Clavijos Wankelmut die rasche Empfänglichkeit des **ästhetischen Producenten** angedeutet, das **unmittelbare Sicheinleben in jede bedeutende Situation**, die sich ihm darbietet, das instinktartige Bedürfnis sich ganz in sie zu versenken und sie bis zu Ende durchzuleben — lauter notwendige Eigenschaften für den Dichter, die aber, wenn sie ins Leben übertragen werden, eine ganz unmännliche Veränderlichkeit hervorrufen müssen, geradezu jene Eigentümlichkeit, die man im gemeinen Leben damit bezeichnet, dafs einem das Herz — oder die Phantasie — mit dem Kopfe davon laufe ...

Es ist bekannt, dafs Goethe, wie er selbst gesteht, mit der

---

*) Hempel, Goethes Werke, Einleitung von Strehlke.
**) Theod. Danzel, Gesammelte Aufsätze, herausg. v. O. Jahn, Leipzig 1855. pag. 160.

Darstellung der beiden Marien im „Clavijo" und „Goetz von Berlichingen", und der schlechten Figur, die ihre Liebhaber spielen, sich selbst wegen seines Benehmens in der Sesenheimer Angelegenheit auf die Finger klopfen wollen. Was er sich bei dieser Gelegenheit vorzuwerfen hatte, war gerade eine solche Hingabe an den unmittelbaren Eindruck, ein gewisses **belletristisches Element**, unter welchem man damals das Waltenlassen der dunkeln Vorstellungen, eine Auffassung der Gegenstände mittels der sogenannten niederen Seelenkreise verband!"

Also lautet die ästhetische Würdigung des Problems bei Danzel. An diese beiden Ansichten werden sich meine Erörterungen öfter anknüpfen, die der anderen berufenen Kritiker werden berücksichtigt werden, wo es nötig ist *).

Goethe war für den Charakter Clavigos in einer sehr heiklen Lage. Wollte er einmal die Quelle so benutzen, wie er es that, so stand er vor der undankbaren und schwierigen Aufgabe, einen Menschen in seinem Thun dramatisch zu rechtfertigen, der, nachdem er sein **Wort gebrochen, es plötzlich von neuem giebt und ebenso plötzlich wiederum bricht.** Es ist nicht leicht, auch nur allgemein menschliche Teilnahme für einen derartigen Charakter zu wecken, ebenso wenig, sie zu wecken für ein Mädchen, das einem **solchen ihre Liebe schenkt, sich verraten sieht, sie wieder schenkt.**

Es ist ein ebenso ungewöhnlicher wie abstoßender dramatischer Vorwurf: wie konnte, wie sollte der Dichter den Clavigo motivieren?

Der Geschmack ist allerdings verschieden. Während doch jeder Unbefangene zugeben muß, daß Clavigo zum mindesten große Schwierigkeiten bietet, und daß es zunächst schwer hält, ihm Sympathie zuzuwenden, redet sich **Schröer** in eine **wahre Begeisterung** hinein, indem er von dem Drama sagt, es schlage Töne an, die unsere Pulse mächtiger schlagen

---

*) Insbesondere ist Heinrich Bulthaupt: Dramaturgie der Klassiker B. II zu beachten; ferner Julian Schmidt: Geschichte des geistigen Lebens in Deutschland!" B II. ferner: Heinrich Bulthaupt: „Das Münchener Gesamtgastspiel 1880. Bremen 1880. Deutsche Nationallitteratur herausgegeben von J. Kürschner; B III. Clavigo, mit Einl. von K. J. Schröer.

machen, und reifse uns zu Empfindungen hin, deren wir uns nicht zu schämen brauchen.

Es ist von Anfang an bedenklich für den Clavigo, dafs man sich seiner Persönlichkeit auf dem Wege mühsamer Reflexion nähern mufs. Goethe zwar will von Zergliederung und Analysierung seiner Werke nichts wissen, indem er mahnt*): „Nimmt mirs doch nichts an meinem innern Ganzen, rührt und rückts mich doch nicht in meinen Arbeiten, die immer nur die aufbewahrten Freuden und Leyden meines Lebens sind —" aber diese Konzession können wir auch dem gröfsten Genie nur machen, wenn das von ihm Gebotene sich so durch sich selbst empfiehlt, dafs seine innere Wahrheit von selber einleuchtet, und der Genufs durch nichts getrübt ist.

Nun halte man mir nicht entgegen, es bedürften manche Schöpfungen genialer Meister der tiefgehendsten Überlegung, um verstanden zu werden, etwa ein Faust! ein Hamlet! Der Einwand nämlich würde nicht stichhaltig sein; denn jene Charaktere sind so unendlich tief angelegt, ihr Handeln, Empfinden, Begehren umfafst eine so reiche Welt, dafs der Geist sich wieder und wieder in sie versenken mufs, damit er Ordnung und Übersicht bringe in die Fülle der Gesichte, die sie ihm vor die Seele zaubern. Von alledem bei Clavigo keine Spur! Die Handlung höchst durchsichtig! seine Worte klar und deutlich, sein Thun, insofern es vor sich geht, ganz augenscheinlich! Nur das Warum? und Wie ist es möglich? macht die Schwierigkeit, die nun der eine auf diese, der andere auf jene Weise zu lösen sucht: dafs sie vorhanden, fühlt (aufser Schröer vielleicht, der des Lobes kein Ende findet) jeder; die verschiedenen, zum Teil sehr geistreichen Rettungsversuche wären unnötig, wenn es zunächst nicht Bedenken gegen den Clavigo gäbe.

Zu denen, die mit Geist und Geschmack das Clavigoproblem beleuchten und die Bedenken gegen den Charakter des Haupthelden zu zerstreuen suchen, gehört vor allem Danzel, aus dessen Ausführungen ich weiter oben ein instruktives Citat mitteilte; was er sagt, ist geistreich, würde den Clavigo rechtfertigen,

---

*) Br. an Gräf. Stolb., Br. II 242.

wenn — der in Wahrheit von dem Dichter auf die Bühne gestellte Clavigo so beschaffen wäre, wie Danzel ihn erläutert. Danzel ist voreingenommen durch die Rücksicht auf den alter-Clavigo, den jungen Goethe, den er genau kennt, dessen Eigenart, dessen Hoffen, Sehnen, Zweifeln, dessen Schicksalen und Erfahrungen, dessen Herzensstürmen und Herzensregungen er mit dem liebevollen Verständnisse des feingebildeten Ästhetikers nachgeht. Auf den jungen Goethe pafst jene Erörterung von dem „belletristischen Element", von der „Hingabe an den unmittelbaren Eindruck" ausgezeichnet; nur wenn wir diesen Faktor in Rechnung bringen, können wir den Dichter ja in Schutz nehmen gegen so manchen Vorwurf, der ihm von denen gemacht wird, die nur äufsere Thatsachen seines Lebens kennen, die Motive aber nicht wissen oder nicht begreifen, weil ihr Alltagsempfinden ihnen die Pforte zum Tempel dieses hehren Genius verschlossen hält.

„Sehr schön!" lautet vielleicht jemandes Einrede, Goethe identifiziert sich ja selber mit dem Clavigo, also wird sein Clavigo zu fassen sein, wie Danzel ihn aufgefafst wissen will. Selbst das zugegeben — ich werde meine Gegenbedenken sofort äufsern — so kommt Danzel selber von dem Standpunkte aus zu dem Schlusse, dafs jene Eigenschaften, ins Leben übertragen, eine ganz „unmännliche Veränderlichkeit hervorrufen müssen". Goethe ruft sie aber ins Leben, auf die Bühne des Lebens, stellt also „unmännliche Veränderlichkeit dar"! und kann darum keine ästhetisch lebensfähige Gestalt schaffen, mag sie psychologisch möglich sein oder nicht. Ein derartiger Charakter gehört nicht auf den tragischen Kothurn — mag das Lustspiel ihn verwenden und seine Haltlosigkeit recht grell beleuchten!

Ich nannte den Charakter ästhetisch nicht lebensfähig! Aber wie pafst dazu, was der feinsinnige Dramaturg Heinrich Bulthaupt *) ausführt?

Er sagt: „Ein wunderliches Verhängnifs, dafs die Kritik gerade an dem so bitter mäkeln mufste, wovon die Bühne sich Heil versprechen durfte!

Der Grund dieser Verdammung ist ein echt deutscher, deutsch

---

*) Heinrich Bulthaupt. Dramaturgie B. II p. 95 ff.

in seiner Berechtigung, wie in seinem Irrthum. Man gelangte gar nicht erst dahin, sich klar zu machen, mit welcher Kunst der Stoff **behandelt** ist, mit welch' innerer, ganz Goethescher Wahrheit — der Stoff selbst schreckte schon ab. Das moralische Gefühl wie das ästhetische verwarfen ihn gleichermafsen. Man ärgerte sich über den eitlen Schwächling Clavigo" u. s. w.

„Es bedarf gar keiner Frage, dafs diese Stimmen recht haben würden, so lange man Clavigo nur **moralisch** beurtheilt und so lange man die **ästhetische** Würdigung nur auf ihn, ohne Rücksicht auf seine Stellung im Stücke und den Ausgang desselben, erstreckt. Es liegt in dieser richtenden Kritik etwas Mannhaftes und Gemüthliches, zugleich aber auch eine grofse Gefahr. Denn in der Regel kommt es gar nicht darauf an, wie die **einzelne Person sittlich oder künstlerisch anmute, wenn nur das Ganze sittlich und künstlerisch wirkt** etc."

Bulthaupt sucht des weiteren den Nachweis zu führen, dafs letzteres der Fall sei, ich werde seine Ausführung seiner Zeit wieder aufnehmen, um mich nicht wiederholen zu brauchen. Nur dem Passus: „**es kommt in der Regel etc.**" will ich gleich an dieser Stelle näher treten. Also „wie die **einzelne** Person sittlich oder künstlerisch anmute, ist gleichgültig? Das kann nicht zutreffen, so lange diese eine Person **Träger der Handlung** ist. Wenn **der Held** nicht künstlerisch anmutet — auf das **Moralische** kommt es ja nicht an, wenn nur **Konsequenz** vorhanden ist — ist es überhaupt unmöglich, zu einer künstlerischen Wirkung des Ganzen durchzudringen; wenn man sich an dem Helden ärgert, bleibt der Gesamtgenufs immer ein unbefriedigender. Und man ärgert sich in der That! Jeder Unbefangene legt den „Clavigo" mit einem Gefühl des Mifsbehagens aus der Hand.

Doch ich war mit Danzels Ansicht noch nicht fertig. Ich bestreite nämlich, dafs dieses „Überwiegen des ästhetischen Vermögens" überhaupt an Clavigo vorhanden sei; es sei denn, dafs Danzel ihm diese Eigenschaft lediglich beilegt, weil er Schriftsteller, Belletrist ist. Wir wollen den Clavigo einmal in einzelnen Situationen belauschen, die fast in einem Atem gethanen Äufserungen einander gegenüberstellen, dann wollen wir sehen, wie sich der Clavigo rechtfertigt durch den Mund seiner Verteidigung.

Ich mache dem Clavigo zunächst den Vorwurf, er sei nicht nur wetterwendisch wie ein Apriltag, sondern auch der **gröfsten Verstellung fähig**! Ich sehe mannigfachen Widerspruch voraus. Sollte jemand mit „ästhetischem Empfinden, mit instinktartigem Bedürfnisse, sich in bedeutende Situationen einzuleben" kommen zur Entschuldigung: er mag sich vorsehen, dafs nicht jeder Schriftsteller, Dichter, Belletrist, wenn er sich auf falschen Wegen ertappt, eine gleiche mildernde Beurteilung für sich in Anspruch nimmt; denn was dem einen recht ist, ist dem andern billig, und Clavigo erweist sich sonst in nichts als ein mit diesem „ästhetischen Empfinden" Begabter, aufser durch eben diese Thatsache, Schriftsteller zu sein.

Wie verstehen wir den Clavigo der ersten Scene? Aufgabe derselben ist doch ohne Zweifel, uns den Helden vorzuführen in dem Dualismus seines Seins, ihn in der Beziehung vorbereitend zu erläutern, um sein Handeln begreiflich zu machen: auf der einen Seite das Streben nach dem Höchsten, auf der anderen das Unvermögen, sich dem rein menschlichen Empfinden zu entziehen. **Das mufs die Scene in die Erscheinung treten lassen.** Thut sie das? Zunächst das herzlose, frivole: „man wird der Weiber bald satt", das er gegen Carlos hervorkehrt*).

Also Clavigo ist „der Weiber bald satt"; „die Weiber, die Weiber, man vertändelt gar zu viel Zeit mit ihnen". Nun vergegenwärtige man sich auf der anderen Seite das unglückliche Opfer dieser „Sattheit", das unschuldige, betrogene Mädchen, das sich aufreibt, in ihrem Schmerze um den geliebten — ach! so falschen Mann — in welchem Lichte erscheint da jene Äufserung! Aber heuchelt Clavigo nicht vielleicht nur Blasiertheit vor Carlos? Entspringen dieser geheuchelten Blasiertheit nicht vielleicht

---

*) Es ist bemerkenswert, wie im Eingange des Dramas Carlos und Clavigo ihre Rollen getauscht zu haben scheinen: Carlos wird schwärmerisch, er bringt das Gespräch auf „das liebliche Geschöpf", zu dessen Füfsen Clavigo blühender und eindrucksvoller geschrieben habe, statt jede Anspielung zu vermeiden, diese „jugendlichen Rasereyen, diese stürmenden Thränen, diese versinkende Wehmuth" wieder zu wecken, und noch dazu in einem so gefährlichen Zusammenhange, dafs Clavigo fürchten mufs, er habe in seiner Produktionskraft als Schriftsteller durch den Treubruch gelitten.

jene Auslassungen über „die Weiber"? Nun wohl! Er **heuchelt** doch aber ganz sicher nur? Wir wollen es zu Clavigos gunsten annehmen, denn mit dem Epitheton „blasiert" wäre ihm wohl selber schlecht gedient. Also Clavigo heuchelt Blasiertheit, mit anderen Worten, er denkt gar nicht so von „den Weibern", er bewahrt insbesondere Mariens Bild noch immer in einem Winkel seines Herzens, allerdings befleckt von dem Staube, den sein Ehrgeiz aufwirbelte, da er ihn verleitete, die Treue zu brechen. Nun, wir wollen später sehen, ob sein Auftreten danach ausschaut, als rühre sich wirkliche Reue und momentane Liebe wenigstens. Für jetzt frage ich nur: warum denn vor Carlos Blasiertheit heucheln? vor Carlos, der ihn so genau kennt, so gut sich in sein lebhaftes Empfinden hineinzudenken vermag, wenn er dessen auch selbst nicht fähig ist? Geniert er sich etwa vor Carlos? Aber Carlos redet ja selbst „von dem blühenden Geschöpf!" Und trotzdem: „bleibt dem Clavigo der Hof sein Plan, und gilt kein Feiern!"

Mir will scheinen, die Maske des Clavigo sei so kunstvoll, dafs er gar sehr in Verdacht kommt, es sei sein wahres Angesicht!

So lange kein stichhaltiger Grund vorgebracht wird, weshalb Clavigo Blasiertheit heuchelt, nehme ich ihn in seinen Reden durchaus beim Worte, und das kann mir keiner verdenken, denn jede Äufserung will in dieser Scene auf des Messers Schneide balanciert sein. Ich behaupte also, Clavigo „vertändelt mit den Weibern zu viel Zeit!"

Nun kommt das Ungereimte, Unvermittelte: Unmittelbar nach jenen Worten „kann er die Erinnerung nicht los werden"! Und vor einer Minute „war ihm so wohl, wenn er den Weg ansah, den er zurückgelegt hatte"! Es ist nichts eingetreten, das diesen Wandel in seiner Stimmung rechtfertigte! oder doch etwas? Freilich, Carlos hat soeben durch sein Raisonnnement dargelegt, wie er sich „mit den Weibern" abfindet ... „Wie ich denn mit honnetten Mädchen am ungernsten zu thun habe. Ausgeredt hat man bald mit ihnen; hernach schleppt man sich eine Zeitlang herum, und kaum sind sie ein bisgen warm bey einem, hat sie der Teufel gleich mit Heurathsgedanken und Heurathsvorschlägen, die ich fürchte wie die Pest. Du bist nachdenkend, Clavigo!

Clavigo: Ich kann die Erinnerung nicht los werden, dafs ich Marien verlassen — hintergangen habe, nenn's, wie du willst." Durch eben jene Worte des Carlos mufs doch die Erinnerung geweckt sein. Hat das innere Begründung? Nein! Der Dichter mufste wohl seinen Helden irgendwie motivieren, es gelingt äufserlich, wenn man jene Blasiertheit zugiebt — innerlich nicht. Denn wer sich nicht scheut, in Blasiertheit zu behaupten, man vertändele mit den Weibern gar zu viel Zeit, trotzdem ein anderer, und noch dazu ein rechter Verstandesmensch, ihn mahnt an die Zeit, da er noch zu Mariens Füfsen safs — wer da blasiert bleibt — warum ist der plötzlich erschüttert ob der lockeren Art, wie Carlos das Problem „Weib" löst, nämlich auf dem Wege oberflächlichen, leichtlebigen Genusses, „wo der Teufel sie nicht gleich mit Heurathsanschlägen hat?" Ich glaube, die gefährliche Mischung, die Goethe dem Charakter gab, enthält so unvereinbare Gegensätze an und für sich, dafs auch die feinste Berechnung sie nicht aufzuheben vermochte.

Ist Clavigo plötzlich entsetzt, sein früheres Verhältnis zu Marie möchte so locker ausgelegt werden, da er doch inzwischen oft genug die gröfste Gleichgültigkeit gegen sie an den Tag gelegt hat, da Marie sehen mufste, wie er „an der Seite einer glänzenden Donna einen ausgesucht kalten Blick über sie warf?" Nein, glaube, wer kann, dafs die Äufserung „der Erinnerung" innerlich motiviert ist — ich kann es nicht, kann es um so weniger, als Clavigo überall da, wo er von der Reue spricht, sehr künstlich erscheint! Nachher ein Weiteres davon!

Sollte etwa hier Danzel in sein Recht treten? Haben wir es hier: „mit der Hingabe an den unmittelbaren Eindruck zu thun?"

Übrigens verfolgt unser in „der Erinnerung" suchender Clavigo diesen Gedankengang nicht zu lange; zwar: „er liebte sie wahrlich, sie zog ihn an" — aber nichtsdestoweniger: „sie ist verschwunden! glatt aus seinem Herzen verschwunden!" Die alte Situation gefällt ihm eben besser, kleidet ihn auch besser: „Vergifs nicht, dafs unser Hauptwerk gegenwärtig sein mufs, uns dem neuen Minister notwendig zu machen!" Er und Carlos, sie können „schwatzen und sich bücken ... Und denken und thun, was sie wollen! und das ist die Hauptsache in der Welt!"

Ein herrlicher Standpunkt, vereinbar mit dem feinen dichterischen Empfinden des ästhetischen Produzenten! — Clavigo bereit, sich wie ein feiler Schranze zu bücken und dadurch die Gunst des Königs zu erreichen!

Wie gut vereinigen sich solche Grundsätze mit jenem Worte der Marie: „Er ist ein Mann worden, und muſs mit diesem reinen Gefühle seiner selbst, mit dem er auftritt, das so ganz ohne Stolz, ohne Eitelkeit ist — er muſs alle Herzen wegreiſsen!" Denn Clavigo ist ohne Eitelkeit, man muſs es schon glauben! Freilich der Eingang des Stückes will nicht recht damit harmonieren: „Das Blatt wird eine gute Wirkung thun, es muſs alle Weiber bezaubern!" Mir will Heinrich Bulthaupts Anmerkung zu diesem Ausspruche des „bescheidenen" Clavigo recht gut gefallen, wenn er sagt: „Das erste Wort dieses Mannes ist ein Wort der selbstgefälligsten Eitelkeit. ‚Das Blatt wird eine gute Wirkung thun, es muſs alle Weiber bezaubern!' Alle Weiber! Der Ruhm eines oberflächlichen Brillantfeuilletonisten!"

Clavigo ohne Selbstgefühl! wie bescheiden sagt er auch: „Ich muſs unter dem Volke noch der Schöpfer des guten Geschmacks werden!"

Und diesem Clavigo der ersten Scene sollen wir glauben, die Reue, aufrichtige Reue schlummere nur leise, um beim ersten energischen Mahnworte mit siegreicher Allgewalt durchzudringen? und die Reue nicht nur, auch die Liebe? Wir glauben es nicht! Und doch müſste in dieser ersten Scene eine überzeugende Motivierung seines ganzen Handelns vorhanden sein, soll er nicht in Verdacht kommen, mehr aus Schreck und Unfähigkeit Beaumarchais gegenüber Reue zu zeigen, als daſs sie wirklich aus voller Mannesüberzeugung sich seines Empfindens bemächtigte. Er könnte ja doch aber den Zweikampf wagen und eventuell seinen Gegner aus dem Wege räumen; er kann sich dazu nicht entschlieſsen: Sollte seine Reue nicht doch durchaus tiefgehend sein? Ich sage: nein! Diese Weigerung beweist nur, daſs er sittliche Scheu trägt, den Rächer eines betrogenen Mädchens zu töten, daſs er also kein Schurke, kein konsequenter Bösewicht — und das wäre doch etwas! — sondern eben ein **Schwächling** ist. Und wie eigentümlich wird diese Reue beleuchtet durch die folgende praktische Erwägung, die auch ganz naiv vor Beaumarchais ausgesprochen wird: „Hätte ich wissen können, dafs sie so einen Bruder habe, sie würde in meinen Augen keine unbedeutende Fremde gewesen sein; ich **würde die ansehnlichsten Vorteile von dieser Verbindung gehofft haben.**" Und das sagt er dem Bruder der Betrogenen, der ihm — sonderbar genug! — auf diese schamlose Äufserung des krassesten Egoismus nichts erwidert! Damit durchschaut er doch die Beweggründe, die den Clavigo zur Untreue brachten! Weil sie „eine unbedeutende Fremde ist" wagte er, sie so zu behandeln. Eben diese Äufserung ist für Clavigo sehr schwer belastend, weil seine Handlungsweise dadurch in das abscheuliche Gebiet praktischer Berechnung hinübergespielt wird, die ja leider in unserem Gesellschaftsleben eine grofse Rolle spielt, aber doch nun und nimmermehr geduldet werden darf zur Motivierung der Entschlüsse eines dramatischen Helden. Denn dadurch wird die Motivierung in eine unwürdig niedere Sphäre hinübergetragen. Mag die „freie Bühne", die die Menschen darstellen will, wie sie **sind**, der ein Laternenputzer in seiner Funktion ein ebenso interessantes dramatisches Sujet ist wie ein Bauersknecht, der ein Kind lebendig begräbt — mag sie auch diese bewegende Kraft der Gesellschaft in ihrem Dienste benutzen — die Sphäre echter Kunst bleibe frei davon! Und darum ist es ein gar böses Wort, jenes „von der unbedeutenden Fremden!" — Heinrich Bulthaupt findet „in der Wahrhaftigkeit des Clavigo einen Reiz und eine Stärke seines sonst bis zur Elendigkeit schwachen Charakters!" Er sagt des Weiteren: „Er hat für seinen doppelten Verrath nur schlechte Gründe, aber er redet sich auch nicht ein, sie seien gut. Er scheut sich nicht, vor dem Freunde klein und lächerlich zu scheinen" u. s. w. Ob wir darum den Clavigo loben sollen, weifs ich doch nicht.

Clavigo kennt also das Sittengesetz sehr wohl, er fühlt es über sich — handelt aber nicht danach! Viel künstlerischer könnte sein Charakter wirken, wenn er das Sittengesetz mit kühner Verachtung beiseite schöbe — der Virtuose des Verbrechens wirkt auch künstlerisch auf der Bühne! Aber freilich: damit konnte Goethe nichts anfangen, denn wo wäre der Clavigo seiner Pläne geblieben, dessen er bedurfte? Bulthaupt meint: „ich glaube nicht, dafs ein bedenklicher Stoff mit reinerer Hand behandelt werden kann!" Ganz gewifs, der junge Dichter that, was er konnte; der Stoff macht eben seiner Art nach eine wahrhaft befriedigende Bearbeitung unmöglich. Und Goethe hat es selbst bewiesen durch die Behandlung: sein Herz fühlte bei der Abfassung des „Clavigo" nicht ganz voll wie sonst. Denn wie verstehen wir im andern Falle jene schwülstigen Tiraden*) des um die Wiedergewinnung der Verlassenen eifrigst bemühten Clavigo? Kein Fünkchen wahren Gefühls dringt hier durch; das ist der beste Beweis, dafs die Reue nicht aufrichtig ist, noch weniger die aufkeimende Liebe**). Wer würde glauben, so spräche der Dichter des „Goetz", glauben, der süfse Schmelz Goethescher Liebesworte könne so verkehrt sein in ein fades, ödes Phrasengeklapper! Darin weht französische Luft! Man höre nur: „War's nicht innere Übereinstimmung der Charaktere, geheime Zuneigung des Herzens, dafs auch Sie für mich nicht unempfänglich blieben?" etc. „Und nun — bin ich nicht eben derselbe? Sind Sie nicht eben dieselbe?" Und das sagt er in aufrichtiger momentaner Liebesglut? will sich mit dem treuen, in ihrer Treue ersterbenden Mädchen vergleichen? Das sagt der Clavigo, der „der Weiber satt ist", dem „Marie glatt aus dem Herzen entschwunden ist?"

Danzel würde sagen: „das ist jene Eigenthümlichkeit, die man im gemeinen Leben damit bezeichnet, dafs Einem das Herz — oder die Phantasie — mit dem Kopfe davonlaufe!"

Wir wollen indessen dem reuigen Clavigo noch etwas zuhören!

Die Situation wird nämlich immer unverständlicher:

---

*) Schröer nimmt auch hier den gerade extremen Standpunkt ein, indem er von eben diesem Phrasenergusse behauptet: „Clavigos Rede in der er mit unwiderstehlicher Liebenswürdigkeit, Aufrichtigkeit und Wahrheit Mariens Herz wieder erschliefst und im Sturm wieder erobert ist ganz einzig und ganz Goethe." pag. 353.

**) Man vergleiche bezügliche Ausführungen des I. Teiles.

„Wie können Sie mich hassen, da ich nie aufhörte Sie zu lieben!" so fragt er emphatisch das Mädchen, fragt der Clavigo der ersten Scene! Der ganze Wortschwall ist eben durch und durch künstlich, affektiert bis ins kleinste, gedrechselt, gestelzt jede Anschauung! Man fühlt so deutlich, wie es dem Charakter an innerer Wahrheit gebricht, sonst hätte der Dichter gewifslich andere Töne gefunden. Wie soll man aus diesen Schwierigkeiten einen Weg zum Lichte finden? Danzel weist ihn nicht! ich wenigstens kann mir mittels seiner Hilfe den Clavigo keineswegs verständlich machen.

Ist das die „edle Wahrhaftigkeit", die Bulthaupt dem Helden zuschreibt? wenn es heifst:

„Nein, diese innige Verwandtschaft der Seelen ist nicht aufgehoben; nein, sie vernehmen einander noch wie ehemals, wo kein Laut, kein Wink nötig war, um die innersten Bewegungen mitzuteilen."

Und er scheidet mit den Worten:

„Tausend Küsse dem Engel!"

Heuchelt Clavigo oder nicht? Wir müssen doch glauben, es sei für diesen, wenn auch noch so kurzen Augenblick die alte Liebe, oder ein Teil derselben, ein noch so kleiner damit ich ja nicht zu viel verlange, wieder eingekehrt in seiner Brust; ohne diese Annahme wird doch seine emphatische Auslassung zu einem unausstehlichen Phrasengebimmel! Aber Clavigo macht es uns durch sein eigenes Geständnis unmöglich, an diesen Umschwung der Gefühle zu glauben.

Es ist unwahr, was er Marie sagt; beweisend ist folgende Äufserung gegenüber Carlos:

„Ich strebte munter zu sein, wieder vor den Menschen, die mich umgaben, den Glücklichen zu spielen: es war Alles vorbei, Alles so steif, so ängstlich!"

Wann in aller Welt empfindet denn nun dieser Clavigo wahr? Wann spricht er, wie er denkt? Man kommt in Verlegenheit! Wäre er wirklich von jener „Wahrhaftigkeit", so dürfte, so könnte er dem Mädchen einen so ungeheuerlichen Betrug nicht vorspielen. Bekanntlich suchen manche Schauspieler diesen Widerspruch dadurch zu lösen, dafs sie in jenes dreimalige: „Marie — Marie —

Marie!" — einen Ton legen, der andeutet, wie Clavigo ob ihres Aussehens erschreckt — wobei man denn freilich nicht begreift, dafs er sie erst jetzt genauer betrachtet — und auch begleitende Gesten hinzufügen. Aber selbst zugegeben, er komme erst jetzt zur Erkenntnis, es könne nicht mehr sein wie früher, so beginnt doch eben gerade damit jene Rolle: „den Glücklichen zu spielen". Eben von da an „war Alles vorbei, Alles so steif, so ängstlich!" Und trotzdem: „Tausend Küsse dem Engel", trotzdem: „ist er der glücklichste Mensch unter der Sonne!" O, über den glücklichen Vorzug des „Belletristen", bei dem begründet erscheint, was sonst immer ungereimt ist!

Da Clavigo auch gar nichts thut, was ihn sympathisch machen könnte, er einer solchen Sympathie aber nicht wohl entbehren kann als dramatischer Held, so griff Goethe zu demselben Mittel, das ihm den Egmont heben helfen sollte. Worauf ich hinaus will, werden folgende Sätze aus Schillers Rezension des Egmont erweisen:

„Wahr ist es, solche Züge menschlicher Schwäche ziehen oft unwiderstehlich an — in einem Heldengemälde, wo sie mit grofsen Handlungen in schöner Mischung zerfliefsen. Heinrich IV. von Frankreich kann uns nach dem glänzendsten Siege nicht interessanter seyn, als auf einer nächtlichen Wanderung zu seiner Gabriele; aber durch welche strahlende That, durch was für gründliche Verdienste hat sich Egmont bei uns das Recht auf ähnliche Teilnahme erworben? Zwar heifst es, diese Verdienste werden als schon geschehen vorausgesetzt, sie leben im Gedächtnifs der ganzen Nation, und Alles, was er spricht, athmet den Willen und die Fähigkeit, sie zu erwerben. Aber das ist eben das Unglück, dafs wir Seine Verdienste von Hörensagen wissen und auf Treu und Glauben anzunehmen gezwungen werden — seine Schwachheiten hingegen mit unsern Augen sehen"*).

---

*) Folgender Passus aus Lessings Dramaturgie dürfte hier auch sehr geeignet in Erinnerung gebracht werden: „Es ist wohl recht gehandelt, wenn man im gemeinen Leben in den Charakter Anderer kein beleidigendes Mifstrauen setzt; wenn man dem Zeugnis, das sich ehrliche Leute unter einander erteilen, allen

Der letzte Satz könnte, dünkt mich, ebenso gut auf Clavigo gemünzt sein.

Goethe mufste uns ja irgendwie begreiflich machen, warum denn Marie den Clavigo so unsagbar liebt; irgend was allgemein menschlich Gewinnendes mufs ihm doch eigen sein, damit wir uns über Marie nicht ärgern und ganz teilnahmlos ihrem Geschicke gegenüberstehen. Da legt ihm Goethe denn nun Eigenschaften bei, die man durchaus nicht an ihm entdeckt, so lange er handelt, die nur in dem verliebten Mädchenköpfchen spuken, und nicht nur in ihm: Auch Sophie wird angesteckt, diese viel ruhigere Sophie, die dem exaltierten Mädchen ganz nüchtern sagt: „Meine Beste, ich sehe die Sachen, wie sie sind. Du und der Bruder, Ihr seht sie in einem allzu romantischen Lichte." Eben diese schwärmte zuvor von Clavigos Persönlichkeit:

„Er ist noch der Alte, noch eben das gute, sanfte, fühlbare Herz, noch eben die Heftigkeit der Leidenschaft, noch eben die Begier, geliebt zu werden, und das ängstliche marternde Gefühl, wenn ihm Neigung versagt wird. Alles! alles! und von dir spricht er, Marie! wie in jenen glücklichen Tagen der feurigsten Leidenschaft, es ist, als wenn dein guter Geist diesen Zwischenraum von Untreu' und Entfernung selbst veranlafst habe, um das einförmige, schleppende einer langen Bekanntschaft zu unterbrechen und dem Gefühl eine neue Lebhaftigkeit zu geben." Wie deutlich die Hohlheit der Empfindung auch hier! Ist es nicht, als rede Clavigo selbst in reuigen Tiraden? Kann wohl in Wahrheit eine Schwester davon reden, „ein guter Geist" habe den Clavigo zur Untreue geführt, wo eben die Verlassene mit dem bekümmerten Angesichte, mit den vergrämten Zügen, vor ihr sitzt? Entweder Sophie ist

---

Glauben beimifst. Aber darf uns der dramatische Dichter mit dieser Regel der Billigkeit abspeisen? Gewifs nicht; ob er sich schon sein Geschäft dadurch sehr leicht machen könnte. Wir wollen es auf der Bühne sehen, wer die Menschen sind, und können es nur aus ihren Thaten sehen. Das Gute, das wir ihnen blos auf Andrer Wort zutrauen sollen, kann uns unmöglich für sie interessieren; es läfst uns völlig gleichgültig, und wenn wir nie die geringste eigne Erfahrung davon erhalten, so hat es sogar eine üble Rückwirkung auf diejenigen, auf deren Treu und Glauben wir es einzig und allein annehmen sollen."

plötzlich überspannt geworden, oder Clavigo hat ein wahres
Meisterstück an Verstellung geleistet, wenn er in der Sophie die
Vorstellung erwecken konnte, er sei ganz „wie in den Tagen der
feurigsten Leidenschaft".

Hören wir aber gar Marie — ja, da bleibt nur eine Erklärung: wir müssen nämlich nicht vergessen, dafs die Liebe blind macht! Und wirklich kann diese Liebe nicht auf beiden Augen sehend sein:

„Seit ich ihn nicht sah, hat er — ich weis nicht, wie ichs ausdrücken soll — es haben sich alle grofse Eigenschaften, die ehemals in seiner Bescheidenheit verborgen lagen, entwickelt!" Man merke: „grofse Eigenschaften!" Ja, wenn sie es nur wüfste, dafs sie, wenn nicht der Bruder gekommen wäre, von dem Clavigo „ansehnliche Vorteile" erwartet, dafs sie dann auch heute noch: „die unbedeutende Fremde" für ihn wäre, deren Schicksal einem Mann von den „grofsen Eigenschaften" ihres Auserwählten nicht gar viele Skrupel macht. Freilich müfste sie es eigentlich wissen, da sie ihn selbst mit der „glänzenden Donna" sah, seinen „ausgesucht kalten Blick" auf sich gerichtet fühlte! Und doch ist er grofs, doch herrlich? Das treue Mädchen versteigt sich sogar zu dem Ausrufe:

„Und er soll der Meinige werden? Nein, Schwester, ich war seiner nicht werth! Und jetzt bin ich's vielweniger!" Um solcher Rede willen sollten wir dem Mädchen ernstlich zürnen. Doch wir wollen nicht vergessen: Marie ist krankhaft erregt, ist exaltiert; so werden denn ihre überschwenglichen Worte hoffentlich auch nur der Niederschlag einer krankhaften Überspannung sein! Wenn nicht — dann müssen wir ihr als gesund empfindende Miterlebende zurufen: „Gutes Mädchen! Thu die Augen auf! Lafs Dich nicht verblenden! Weit entfernt, dafs Du seiner nicht wert wärest, verdient der haltlose Schwächling überhaupt nicht, dafs nur ein Hauch von Liebe für ihn in einem Mädchenherzen sich rege! Befreie Dich von Deiner krankhaften Neigung, damit Deine Mitschwestern, so weit treue Liebe hochgehalten wird im Erdenrunde, nicht mit Dir rechten ob jenes ‚ich bin seiner nicht werth!' Du verletzt den Stolz des liebenden weiblichen Geschlechtes, wenn es ihm gar noch eine Ehre sein soll, von einem Unwürdigen, Wortbrüchigen in Gnaden wieder aufgenommen zu werden!"

Wenn Marie wirklich nach wahrem Gefühl so urteilt über die Stellung, die sie neben dem Clavigo einnimmt, da vermögen wir es dem Carlos kaum zu verargen, wenn er meint, als Gatte der Marie wäre Clavigo „versauert". Ich glaube es selbst; denn voraussichtlich würde sie, aller Selbständigkeit bar, immerfort schmelzend wie ein liebegirrend Täubchen zu dem vergötterten Manne aufsehen, sie würde einen wahren Kultus mit ihm treiben und jedem, der sie interpelliert, mit sanftem Augenaufschlage versichern, sie „verdiene das Glück nicht". Und welchem Manne würde das nicht auf die Dauer langweilig?

„Die grofsen Eigenschaften, die früher unter seiner Bescheidenheit verborgen lagen, haben sich entwickelt!" meint also Marie — eine Eigenschaft leider nicht, nämlich nach Grundsätzen zu handeln. Denn die kennt Clavigo überhaupt nicht. Es ist erstaunlich, wie Carlos diesen wachsweichen Menschen knetet und formt nach jeweiligem Belieben! Clavigo will im ersten Akte nichts wissen von den Heiratsprojekten des Carlos, denn „ein Roman, der nicht ganz von selbst kommt, ist nicht im Stand, ihn einzunehmen". Wie aber im vierten Akte? Da sagt Carlos: „Wenn ich nicht schon Vorschläge, Anträge in Händen gehabt hätte, geschrieben von eignen zärtlichen krizlichen Pfötgen, so unortographisch als ein originaler Liebesbrief eines Mädchen nur seyn kann! Wie manche hübsche Duena ist mir bey der Gelegenheit unter die Finger gekommen!" Was erwidert Clavigo? „Und du sagst mir von allem dem nichts?" Ein sehr gefährliches Wort für Clavigo, der „nie aufhörte Marien zu lieben!" und der doch als Grundsatz ausgesprochen hatte, „nur von selbst kommende Romane" könnten ihn interessieren. Aber vielleicht ist eben hier wieder das belletristische Element schuld, das ihm inne wohnt: Als er Marie sah, bildete er sich ein, er habe sie immer geliebt. Die Illusion schwand aber wieder, um einem neuen Bilde Platz zu machen vor seiner anpafslichen Seele: Carlos' Worte zaubern ihm ein Dutzend schöner Spanierinnen vor sein geistiges Auge, die alle nichts sehnlicher wünschen, als seine Frau zu werden.

Und da bedauert er flugs, dafs Carlos ihm nicht schon lange Gelegenheit gab, sich an diesem erquickenden Gefühl zu sonnen, dafs dieser ganze Mädchenflor den Herrlichen, Einzigen haben will! Und an all dem ist Schuld die Schwäche, die resultiert aus seiner lebhaften Phantasie, aus seinem regen inneren Anpassungsvermögen? So sollen wir uns einen Menschen erklären, der ekstatisch von einem Entschlusse zum andern hinüberwirbelt? Dem Schwarz bald Weifs und Weifs bald Schwarz ist?

Ibsen versuchte ja im „Peer Gyn" einen Menschen zu schildern, den die rege Phantasie dem Erdenleben ganz entrückt: es ist denn auch ein wahres Tollhausstück geworden. Clavigo aber steht mit beiden Beinen auf der Erde. Aus jener Quelle Danzels resultiert seine Schwäche nicht, sondern die einzige Definierung, die es für diesen Charakter giebt, ist die, dafs er überhaupt **keiner** ist, nicht gut und nicht schlecht, d. h. das letztere freilich doch wohl ein wenig. **Denn offenbar kann Clavigo auch schurkisch handeln, wenn es nicht anders geht**: derselbe Clavigo, der zuvor den Bruder schonen will — wie leicht wird er von Carlos bestimmt, den Beaumarchais zu verderben! wie kühl verhältnismäfsig setzt er sich hinweg über die Sache: „So sei's denn! nur verfahrt gut mit ihm!"

„Gut mit ihm verfahren" soll Carlos! Was er sich wohl unter dem „gut" denkt? Was wird ein Carlos thun, um einen lästigen Fremden unschädlich zu machen? Sollte Carlos den Beaumarchais töten — es wäre wunderbar, wenn Clavigo länger als einen Augenblick Skrupel empfände! Erwägt man diese Nachgiebigkeit, wo Beaumarchais dem rücksichtslosen Carlos ausgeliefert wird, und unterzieht im Zusammenhange hiermit Clavigos Verhalten im zweiten Akte der Beurteilung, so wird sie, finde ich, für Clavigo recht bedenklich ausfallen, weil man doch einen gelinden Zweifel bekommt, ob es ihm denn wohl so ernst gewesen sei mit der Schonung des Bruders, wenn ich ja auch nicht geradezu behaupten möchte, die Aussicht auf einen Waffengang mit dem Erzürnten sei ihm etwa unheimlich vorgekommen. Genug: bedenklich steht die Sache, auch wenn man den Einflufs des willensstarken Carlos mit in die Wagschale wirft.

Zur Beurteilung des Clavigo bedarf es natürlich auch einer

Erörterung seines neuen Wortbruches; zuvor aber einiges über seinen ersten Verrat, über den Danzel sich in folgender Weise ausläfst:

„... Goethe macht die Geschichte zum Ausdruck einer Seelenerfahrung, welche in unseren gesellschaftlichen Verhältnissen nur allzu bekannt sein mag, Niemandem aber unverständlich sein kann. Es ist bei ihm etwas Hochberechtigtes, was Clavijo von Marien losreifst, ein Etwas, das freilich in dem Kampfe nicht den Sieg davontragen sollte, dessen gänzliche Abwesenheit aber dem Individuum eben auch nicht zur Ehre gereichen würde.

„Es ist wohl gut, wenn uns in früher Jugend eine wahre Liebe für immer an eine liebe Braut gefesselt hat. Es wird dadurch so mancher schwere Irrthum, so manche beklagenswerthe Verirrung verhindert; das ganze Leben kann dadurch einen lichten Hintergrund von Liebe und Treue erhalten. Aber es ist ein gefährliches Glück, das man zwar Niemandem stören darf, zu dem man aber auch niemals Jemandem positiv behülflich sein sollte. Es kann Keiner in früher Jugend wissen, welchen Gang sein Leben nehmen wird, und ob was jetzt ihm und dem andern Theil als Quelle alles Glücks erscheint, nicht einst ein bitteres Herzeleid über ihr Dasein ausgiefsen wird. Man findet häufig bedeutende Männer, die, weil sie vielleicht niederer Herkunft waren, oder sonst ein Umstand ihren Gesichtskreis beschränkte, sich durch ein solches frühzeitig eingegangenes Verhältnifs für immer gehindert haben, die Stellung im Leben einzunehmen, die ihnen gebührte... Das ist das Schicksal, von welchem sich Clavijo mit Schrecken bedroht sieht."

Natürlich kann hier nicht der Ort sein, Betrachtungen darüber anzustellen, ob Danzel im allgemeinen recht hat „mit jenem gefährlichen Glück" oder nicht; es wird immer auf das Individuum ankommen. Freilich, wenn sich die Behauptung speziell auf den Fall beziehen soll, dafs ein geistig bedeutender Mensch sich früh an ein simples Mädchen bindet, so ist ihm nichts zu entgegnen; denn dafs sich dann Schwierigkeiten ergeben, ist klar.

Aber ein solcher Liebesbund ist auch in der Wurzel krank, auf die Dauer können sich beide Teile nicht verstehen. Genug, es kommt darauf an, ob für Clavigo diese Erwägung, die Danzel als etwas „Hochberechtigtes" bezeichnet, ausschlaggebend war. Und da behaupte ich: nicht eben dieses Motiv mufs gerade das ausschlaggebende gewesen sein. Wir würden es schon glauben, wenn Clavigo — eben nicht Clavigo wäre, nämlich der Träger typischer Unbeständigkeit! Es wird dieser Wankelmut, diese mangelnde Festigkeit in den Zielen wohl die eigentliche Veranlassung zur Untreue gewesen sein, oder mindestens ebenso sehr wie der Hang nach Gröfse, der Trieb, mit dem von der Natur verliehenen Pfunde an Talenten zu wuchern. Jedoch findet sich denn nicht eine Stelle in dem Trauerspiele, die mich zu schlagen scheint? wenn es nämlich im zweiten Akte aus Beaumarchais' Munde heifst:

„Endlich nach sechs Jahren Harren, ununterbrochener Freundschaft, Beystand und Liebe von der Seite des Mädchens; Ergebenheit, Dankbarkeit, Bemühungen, heilige Versicherungen von der Seite des Mannes erscheint das Amt — und er verschwindet." Daraus ersieht man — möchte es scheinen — dafs Clavigo treu sein kann, dafs ihm der Ehrgeiz allein, das Bewufstsein, in einem so glänzenden Amte zu sein, den Kopf verdreht hat! Ja, alles sehr schön! wenn wir es nur dem lebendigen, dem handelnden Clavigo glauben könnten, was da als in der Vergangenheit gewesen über ihn ausgesagt wird; denn der Clavigo der Tragödie kann unmöglich sechs Jahre lang treu gewesen sein, er bewahrt ja einen Entschlufs kaum über 48 Stunden hinaus. Die leidige Sache ist die: Goethe will den Charakter sicher aufgefafst wissen, wie Danzel ihn zu erläutern bemüht ist; aber der in Wahrheit geschaffene Clavigo entspricht dem beabsichtigten nicht.

Die überraschende Schnelligkeit des zweiten Treubruches läfst ja zur Genüge schliefsen, wie etwa auch der erste beschaffen gewesen sein mag. Die geniale Carlosgestalt feiert hier ihren Triumph, den der Energie über die Schwäche! Über den Charakter des Carlos und seine Aufgabe in der Handlung, sowie über seine psychologische Bedeutung herrscht allgemein Klarheit; es ist darum überflüssig, ihm eine besondere Betrachtung zu widmen. Nur Clavigo ist es, der scharf geprüft werden mufs auch in diesem vierten Akte; denn dieser Akt soll den zweiten Verrat motivieren. Die

Prüfung kann nur zu dem Ergebnisse führen, dafs die Schwäche wiederum sein einziger konsequenter Zug ist. Also er hat zum zweitenmal die Treue gelobt! Mit dem Augenblicke, wo er sie lediglich, weil Carlos ihm nun die Sache erst im rechten Lichte zeigt, wiederum bricht, in dem Augenblicke wird er uns beinahe widerwärtig, jedenfalls so unsympathisch, dafs wir uns freuen, wenn wir seiner Gegenwart überhoben sind. Das Schlimme ist: alles geschieht in einem Atem. Ende des dritten Aktes lag er Marie zu Füfsen und rief: „Sie vergiebt mir, Sie liebt mich! Sie liebt mich noch! O, Marie, mein Herz sagte mir's! Ich hätte mich zu Deinen Füssen werfen, stumm meinen Schmerz, meine Reue ausweinen wollen; Du hättest mich ohne Worte verstanden, wie ich ohne Worte meine Vergebung erhalte" ... Aber das „war nur der erste Taumel!" wohl zu beachten, da redet er solche Worte. Dann, als „der Taumel" vorüber war: „Mitleiden — innige tiefe Erbarmung flöfste sie mir ein: aber Liebe — sieh! es war, als wenn mir in der Fülle der Freuden die kalte Hand des Todes über'n Nacken führe." So Clavigo wörtlich! trotzdem giebt er „dem Engel im Geiste beim Abschied tausend Küsse!" Also das zweite Stadium der überraschenden Vorgänge dieser Chamäleonseele war „Mitleiden". Jetzt bedarf es nur noch des Raisonnement des Carlos, nämlich des reinen Weltverstandes, so reift aus diesem Mitleiden der Entschlufs, sie noch leidender zu machen, nämlich sie zu verlassen -- ein homöopathisches Mittel in der That!

Bulthaupt bringt über das Auftreten des Clavigo hier folgenden Satz:

„Seine verächtliche Hauptschuld liegt in dem ersten Verlassen seiner Geliebten. Aber jetzt? Wie er seinem wahren Gefühl folgte, als er zu ihr zurückkehrte, so sagt er sich jetzt offen, dafs er das erwartete Glück bei ihr unmöglich finden kann. Er hat nicht den mehr als heldenhaften Mut des Mannes, sein Schicksal nun, so oder so, an das der armen Unglücklichen zu knüpfen, er ist ein ‚kleiner Mensch', aber er redet sich einen solchen Mut auch nicht ein." Letzteres wäre auch noch schöner! also weil er sich nicht den Mut einredet, den er nicht hat, weil er überall weifs, wie schwach er ist, soll er sympathischer dastehen? Nein!

Wenn er weiß, was sittlich ist — gut: dann handle er entweder bewußt danach, oder setze sich bewußt darüber hinweg! Er thut keines von beiden — wir werden ihm dienen mit Carlos' Worten: „Es ist nichts erbärmlicher in der Welt als ein unentschlossener Mensch, der zwischen zween Empfindungen schwebt, gern beyde vereinigen möchte, und nicht begreift, daß keine andere Vereinigung ihrer möglich ist, als eben der Zweifel, die Unruhe, die ihn peinigen." Und auch zu einem anderen Passus der Bulthaupt'schen Ausführung muß ich eine Anmerkung machen. Er soll sich nämlich „jetzt offen sagen, daß er bei ihr das erwartete Glück unmöglich finden kann!" Ja, glaubte er denn an dieses Glück noch, als „die kalte Hand des Todes ihm in der Fülle der Freuden übern Nacken fuhr? da er sie so bleich, so abgezehrt vor sich sah?" Nein, schon damals war er unwahr! Er heuchelte, betrog die gläubige Marie, ihre Familie, den Bruder! Die Argumente des Carlos: Aussicht auf den Ministerposten, glänzende Heirat, Orden u. s. w sie dienen nur dazu, das Eingehen des Clavigo auf eben diese Argumente verächtlich zu machen — eines ist darunter, das einer Erläuterung bedarf: Carlos weist nämlich hin auf die „Schwindsucht" der Marie. Ob sie in der That schwindsüchtig ist oder nicht, wird weiter unten einer näheren Untersuchung unterzogen werden; jedenfalls erklärt Carlos sie dafür.

Dazu bemerkt Heinrich Bulthaupt:

„Den erschreckend wahren Gründen, die Carlos gegen diese Heirath in's Treffen führt, kann leider eine gute Berechtigung nicht abgesprochen werden. Sie sind widerwärtig, aber sie sind wahr." In der That „widerwärtig!" Es ist Goethe sehr zu verargen, daß er ein so ekelhaftes Motiv, das höchstens den modernen Realisten Freude oder Anerkennung abgewinnen kann, überhaupt verwendet hat. Denn in seinen widerwärtigen Einzelheiten spricht es allem ästhetischen Empfinden Hohn und ist deshalb der dramatischen Verwendung unfähig. Allerdings ist ekelhaft wahr, was Carlos da als Zukunftsbild entrollt, falls Marie in der That schwindsüchtig ist:

„So alles, alles zu vergessen, eine kranke Frau, die die Pest unter deine Nachkommenschaft bringen wird, daß alle deine Kinder und Enkel so in gewissen Jahren höflich ausgehen, wie

Bettlerslämpgen!" Das ist das eine Resultat: kranke Kinder von der schwindsüchtigen Marie! Aber das noch Häfslichere bleibt uns nicht erspart:

„dir muthwillig eine Krankheit zuziehen, die, indem sie deine innern Kräfte untergräbt, dich zugleich dem Anblick der Menschen abscheulich macht." Das kann doch nur auf die physische Ansteckung gehen, die das kranke Weib in der ehelichen Gemeinschaft auf den Mann überträgt? Wer wird dem Dichter ein solches Motiv gestatten? Freilich: wahr ist es, was Carlos sagt, wahr auch, dafs eben diese schreckliche Thatsache für ein Menschenschicksal tragisch sein kann und nicht selten ist — aber: nach Carlos' Worten: „Possen! Grillen! Sie hatte die Schwindsucht, da dein Roman noch sehr im Gange war. Ich sagte dir's tausendmal", hat Clavigo um diesen Zustand der Marie früher gewufst, das Argument gegen die Heirat kann darum kein neues sein, und aus dem Grunde entlastet es ihn nicht.

Sein Verhalten zu der Absicht des Carlos, Beaumarchais aufzuheben, besprach ich schon, wie jene Bemerkung bei den Heiratsprojekten des Carlos. Nun noch einiges über den Schlufs: Ist der Tod des Clavigo innerlich motiviert oder nicht? Könnte Clavigo nach diesem neuen Verrate und seinen Folgen das Leben weiter ertragen oder nicht? Strehlke leugnet die innere Notwendigkeit, Danzel tritt für dieselbe ein*). Ich stimme Strehlke bei. Sicher könnte Clavigo weiter leben! Natürlich wird er sehr schlimme Gewissensbisse bekommen — momentan! auch nicht länger: Carlos wird sie ihm schnell vertreiben, dürfen wir sicher erwarten, da in Clavigo überhaupt keine Stimmung und keine Empfindung von Dauer ist; Carlos würde ihm die Skrupel nicht weniger schnell nehmen, als er ihm jener ledig machte betreffs der Aufhebung Beaumarchais'. Ja, der Tod der Marie würde ihm, in den richtigen Farben beleuchtet, als der beste Ausweg erscheinen: „Marie tot, Beaumarchais nach Indien transportiert! Glänzende

---

*) Cf. Danzel, p. 164. „Menschen wie er, die aus einem Extrem in das andere zu fallen gewohnt sind, können etwas Unveränderliches, aus dem man nicht mehr heraus kann, durchaus nicht ertragen. Wir können also nicht anders über ihn urtheilen, als, es ist gar aus mit ihm."

Heirat! Minister!" den Weg sollte er eigentlich gehen, wobei wir allerdings nicht verstehen würden, wie ein so zielloser Schwächling sich als Minister ausnehmen möchte. Für den Dichter allerdings war der Weg seines Helden anders vorgezeichnet. Es wäre ein Wunder, wenn er uns den sittlichen Zusammenbruch eines derartigen Charakters anders als rein äufserlich hätte vorführen können, weil dieser Charakter eben immer aufs neue nach allem, selbst dem Strohhalme greifen wird, wenn ihm das Wasser bis an den Hals steht. Und nach meiner Meinung haben also diejenigen recht, die behaupten, der Tod des Clavigo beruhe in erster Linie auf dem äufseren Zufall, dafs Clavigo mit der Leiche zusammentrifft. Denn angenommen einmal, was nicht so müfsig ist, wie es aussieht, Clavigo bliebe Sieger im Zweikampfe — was dann? Würde er sich töten? Sicherlich nicht! Carlos würde kommen, ihn unter den Arm nehmen und — Clavigo würde Minister!

Wir dürfen indessen nicht unterlassen, auch die Gegengründe Danzels[*]) anzuhören, der zu dem Tode des Clavigo sagt:

„Ich erinnere mich irgendwo gelesen zu haben, dafs man diesen Entschlufs defshalb tadelt, weil die Bestrafung des Clavigo in demselben nur durch Zufall herbeigeführt wird. Abgesehen davon, dafs von Bestrafung überhaupt nicht die Rede sein kann, sondern nur von dem, was sich aus der Sachlage und den Charakteren entwickelt, ist nicht wohl abzusehen, was mit diesem „nur Zufall" gesagt sein soll. Clavijo fiele nicht über der Leiche der Marie von Beaumarchais' Schwerdte, wenn er nicht gerade im Augenblick des Begräbnisses an dem Hause vorüberginge — aber er geht nun eben in diesem Augenblick vorbei. Es pflegen sich im Leben die Verhältnisse und Ereignisse bisweilen auf eine ganz unberechenbare und bewundernswerthe Weise zu combinieren, und das nennen wir dann Zufall, aber gerade darin besteht der Blick des Dichters, dafs er dergleichen Combinationen aufzufassen, und ihnen dadurch, dafs er die Elemente, welche sich in ihnen verbinden, vorher geschickt ins Licht setzt, das rechte Relief zu geben weifs: wenn man mehr von ihm verlangt, so mag man zusehen, dafs dabei nicht eine Ansicht zu Grunde liegt,

---

[*]) Danzel. p. 163.

welche das Kunstwerk mit apriorischer Notwendigkeit construiren, und alle seine Glieder wie mathematische Folgerungen aus einander hervorgehen lassen will."

Diese Ausführungen Danzels sind an sich richtig, aber die Anwendung auf Clavigo ist nicht einwandsfrei: Danzel giebt doch selbst zu, es komme auf das an, „was sich aus der Sachlage und den Charakteren entwickelt." Kann er uns aber überzeugen, Clavigo fühle sich endgültig sittlich vernichtet? Ich meine doch nicht! Man stelle sich nur möglichst deutlich die unstäthaltlose Clavigo-Gestalt vor! Und wenn Danzel fürchtet, es heiße „ein Werk mit apriorischer Notwendigkeit construiren", falls man diesen Zufall nicht gelten lassen wolle, so, scheint mir, muſs man auf der andern Seite Befürchtung hegen, jeder Dramatiker möchte bei mangelnder innerer Begründung des dramatischen Verlaufes seines Stückes, auf Danzel fußend, frischweg nach dem „erlaubten Zufall" greifen. Daſs der Dichter, um den äußeren Verlauf zu rechtfertigen, „dergleichen Kombinationen der Verhältnisse und Ereignisse benutzen darf", wird von niemandem bestritten werden, aber auch nur, nachdem die innere Notwendigkeit erwiesen ist. Diese ist nicht eher erwiesen, als bis die Handlungsweise des Helden auf den Untergang, als den einzig möglichen Ausgang hinweist. Weil wir aber glauben dürfen, daſs Clavigo nach dem zweiten Verrate auch einen dritten und vierten begehen würde, falls Carlos ihm zur Seite stände, an dessen sicherer Festigkeit er immer einen Rückhalt findet gleich dem jungen Bäumchen, das sich an einen Pfahl lehnt, damit es dem Winde nicht erliege — weil wir davon überzeugt sein dürfen, so braucht er nicht zu sterben, so muſs er nicht sterben um der Konsequenz willen. Auch seine Zerknirschung am Sarge kann uns diese Überzeugung nicht einflößen: Der Diener sogar fühlt instinktiv, wer der Arzt ist, der Heilung bringen könnte in dieser Situation, wo Clavigo bei dem momentan überwältigenden Eindrucke, Marie im Sarge zu schauen, die Fassung verliert. Er ruft nämlich aus: „O Carlos! daſs ich dich fände, Carlos! Er ist auſser sich!" Erschiene Carlos jetzt im Moment — Clavigo wäre gerettet!

Zu erörtern bleibt nun noch jenes Bekenntnis aus des Dichters eigenem Munde, nach welchem er mit der Abfassung des „Clavigo" die hergebrachte Beichte wieder fortsetzte, „um durch diese selbstquälerische Büfsung einer inneren Absolution würdig zu werden", nach welchem ferner „die beiden Marieen im ‚Goetz von Berlichingen' und ‚Clavigo' und die schlechten Figuren, die ihre Liebhaber spielen, wohl das Resultat solcher reuigen Betrachtungen sein möchten" („Dicht. u. Wahrh.", B. XII).

Hier insbesondere setzt Schröer ein, um „Clavigo" als ureigenstes Selbsbekenntnis Goethes, und damit als in sich wahr zu erweisen. Ich will ihm nachgehen und sehen, ob denn vielleicht auf dem Wege Licht in die Frage zu bringen ist, wenn wir auch auf eine vollständige Erleuchtung nicht rechnen dürfen, denn — sagt Goethe in einem Briefe an Fritz Jacobi (21. Aug. 1774, Bernays III, pag. 32): „ ... was doch alles schreibens anfang und Ende ist die Reproduktion der Welt um mich, durch die innere Welt die alles packt, verbindet, neuschafft, knetet und in eigner Form, Manier, wieder hinstellt, das bleibt ewig Geheimnifs Gott sey Dank ..."

Es kann ja gar nicht bestritten werden: jener Clavigo der Quelle trug in seinem Auftreten und Handeln bestimmte Züge des Dichters selbst, die nur verinnerlicht und erweitert zu werden brauchten, um den Dichter eines jener seelischen Selbstkenntnisse zu ermöglichen, die den besten Teil seiner Poesie ausmachen. Bei Beaumarchais ist der Held nichts weniger als dramatisch belebt und bühnenfähig — und dennoch mufste sich der Charakter dem Dichter leicht in die Seele drängen: die goldene Zeit, da er in Friederikens Arm das Glück einer reinen, unentweihten Liebe genofs, tauchte wieder auf aus der Vergessenheit. Noch immer haftete der Stachel in seiner Brust, dafs er „das schönste Herz in seinem Tiefsten verwundet", dafs er „zum erstenmal schuldig war", wie er in „Dichtung und Wahrheit" bekennt. Die dichterische Behandlung des Stoffes war die befreiende That, die den Sturm der Gefühle bändigte. Der Dichter verhehlte sich ja auch nicht, wie sehr dieses Motiv mitwirkte beim Entstehen des „Clavigo". Zu der schon angeführten Stelle tritt die folgende aus demselben Briefe an Jacobi mit dem gleichen Zeugnisse hervor:

„Ich wollt ich könnt so gegen dir über sitzen und noch

einen dazu, ich hab so tausend Sachen auf dem Herzen. Indefs ist das gestückt Geschreib auch was. Dafs mich nun die Mémoires des Beaumarchais de cet aventurier françois freuten, romantische Jugendkraft in mir weckten, sich sein Charakter, seine That, mit Charackteren und Thaten in mir amalgamirten, und so mein Clavigo ward; das ist Glück, denn ich hab Freude gehabt darüber, ..."

Die sichere Thatsache nun, dafs Goethe selber bezeugt, er habe eine enge Verwandtschaft zwischen Situationen und Charakteren des Memoires und seinem eigenen Selbst herausgefühlt, hat einige Interpreten verführt, einen verkehrten Weg in der Argumentation einzuschlagen: statt das Drama vorzunehmen und zu sehen, ob Goethe denn nun jener innigen Verwandtschaft, die ihn zu dem Stoffe zog, auch in der Behandlung desselben entsprechenden plastischen Ausdruck zu geben verstand, ob die „Amalgamierung der Thaten und Charaktere" denn nun auch in der Dichtung wirklich vorgenommen wurde, gehen sie umgekehrt vom jungen Goethe aus, stellen alles zusammen — Thaten, Gefühle, Anschauungen jener Periode seines Werdens — was irgend für ihre Zwecke dienlich ist, und finden auf die Weise künstlich Beziehungen zwischen Goethe und Clavigo heraus, die ein Unbefangener im „Clavigo" nie suchen wird.

Hören wir nun Schröer:

pag. 352. „Woher dieser Gehalt, der in Beaumarchais' Stoff nicht liegt, der erst hinzukam? — Goethes Selbstbekenntnisse, die ihm der rohe Stoff entlockt, geben ihm diesen Gehalt. Dieser Clavijo, er hat weit ausgreifende Pläne, es gärt eine Welt in seinem Innern. Goethe, in dem seit Strafsburg Goetz und Faust im Busen kochten, kennt das!" Hier mache ich gleich Halt. Also „es gärt in Clavigos Innern eine Welt?" Woher weifs der Interpret das? Antwort: In Goethe gärte eine Welt — Clavigo ist Goethe — ergo gärt in Clavigo eine Welt! Das ist stets das Raisonnement, das zu falschen Schlüssen führt. Clavigo ist ehrgeizig, ist Schriftsteller, ist sentimentalisch — empfindungsvoll — aber eine Welt, gärt die in ihm?" Dergleichen behauptet ja Clavigo auch nirgend von sich; aber selbst wenn er es behauptete und dabei fortführe, in seinem Handeln nichts davon zu zeigen, daſs er ein himmelstürmender Feuergeist ist, wie etwa Goethe selber, der das ganze weite All umfaſst mit dem ungestillten Drange einer Prometheusseele, sondern uns weiter hinter die Coulissen verweisen wollte, so würde es ihm nicht anders ergehen als dem Fernando in „Stella", der uns nicht bereden kann, sein Geist berge etwas Faustisches in sich, mag er uns durch den Mund seines Verwalters auch noch so nachdrücklich versichern (Akt III, Scene 2): „Ich wär' ein Thor, mich fesseln zu lassen! Dieser Zustand erstikt alle meine Kräfte, dieser Zustand raubt mir allen Muth der Seele; er engt mich ein! — Was liegt nicht alles in mir? Was könnte sich nicht alles entwikeln? —" Leider entwickelt sich nur nichts, mit der Versicherung ist es nicht gethan. Da könnte uns jeder kommen!

In ihm hat sich nichts entwickelt als Leichtsinn und Unsittlichkeit.

Und Heinr. Bulthaupt*) sagt von Fernando ganz recht: „... Fernando, ..., ist hier so obenhin behandelt, daſs man den ernsten sittlichen Sinn Goethes kaum wieder erkennt. Er kommt wie ein ausgemachter Roué, in dessen Munde sich die sentimentale Erinnerung an den theuren Schatten seines unglücklichen Weibes wie eine Lüge ausnimmt."

Gärt vielleicht auch in ihm eine Welt? Ja, aber es ist doch so echt Goethisch, was Fernando da redet! Und man braucht nur einen einzigen solchen Passus auszuschreiben: das genügt, daſs Fernando Goethe ist! Aber was würde da aus Goethe? Soll denn für ihn mit gelten, was Bulthaupt oben ausführt? Gewiſs nicht! Daraus ist zu ersehen, eine äuſsere Verschmelzung und Verquickung genügt noch nicht: reden wie ein Goethe und sein, was ein Goethe war, ist zweierlei. Und genau so liegt es mit Clavigo!

Schröer führt fort**): „Clavijo hat ein Liebchen, die er vernachlässigt in letzter Zeit, wo ihn so viel bewegt, so Groſses; Goethe denkt sogleich an Friederike. Sie verdiente es nicht vernachlässigt zu werden, er riſs sich ohne ihre Schuld los

---
*) Dram., S. 107.
**) S. 352.

von ihr! Wie, wenn sie einen Bruder gehabt hätte, wie Beaumarchais? Goethe fühlte, wie bald er zu bewegen gewesen wäre, zu ihr zurück zu kehren!" **Der letzte Passus ist bezeichnend für die ganze Art der Beweisführung.**

Wie in aller Welt kann es zur Klärung der Sache beitragen, ob Goethe, wenn Friederike einen Bruder gehabt hätte, und dieser ihm zugesetzt hätte, wie Beaumarchais dem Clavigo, ob Goethe dann sich wieder Friederike zugewandt hätte? Schröer behauptet zwar: „Goethe fühlte, wie bald er zu bewegen gewesen" — aber was soll das? das ist ja eine ganz müfsige Erwägung, weil sie durchaus in der Luft schwebt. Man mufs schon, wie Schröer, die vorgefafste Absicht haben, **den Helden unter allen Umständen zu rechtfertigen**, es gehe, wie es wolle, um zu sehen, was er sieht, immer in dem Bedürfnisse, die engste Parallele zwischen Goethe und Clavigo ununterbrochen zu erhalten: „Und dieser Clavigo", heifst es S. 353, „ist nun wohl ein Deutscher. Aber nur Ein Deutscher ist ihm gleich und das ist Goethe selbst."

Goethe könnte sich wirklich nicht dafür bedanken, wenn sich in der That der Erweis erbringen liefse, er sei Clavigo gleich. Denn wenn auch Schröer meint: „**Ach ja, es ist denkbar, dafs der beste Mensch nahezu zum Clavijo wird!**" so wollen wir doch lieber dem natürlichen Gefühl trauen, welches uns lehrt, dafs Clavigo ein höchst unsympathischer Charakter ist, **den man wohl in seinem künstlerischen Entstehen konstruieren kann**, der aber nie und nimmer beanspruchen darf, **wir sollten ihn gern haben!**

Ein Stück Goethe ist ja unleugbar in den Clavigo hineingearbeitet, und ich selber wies auch schon mit Nachdruck darauf hin. Nur ist das Korrespondierende im Clavigomotiv der Ursprünglichkeit beraubt: wie das helle Tageslicht sich bricht am matten Glase, so wird die unmittelbare, klare Frische der Wiedergabe getrübt durch den Umstand, dafs jene Eindrücke, jene Regungen, die zurückweisen nach dem stillen Pfarrhause zu Sesenheim, **doch mehr durch künstliche Reflexionen geweckt wurden.** Der werdende Titane hatte seit jener Strafsburger Zeit schon eine zu gewaltige Entwicklung durchgemacht, zu vielseitig waren die Empfindungen, die diesen wunderbaren Geist nie zur Ruhe kommen liefsen, zu viele neue Leidenschaften hatten ihn mit neuer Liebe, neuem Sehnen und Begehren durchschüttelt, als dafs die Erinnerung an Friederike gerade jetzt seine Seele **unmittelbar** hätte erschüttern sollen. Und dann: **hatte er denn überhaupt die Freiheit, dem Clavigo den vollen Stempel seiner Individualität oder eines Teiles derselben aufzuprägen?** Indem er die **Hauptscene des Memoires zur Grundlage seines „Clavigo" machte**, war er gebunden an eben den Clavigo des Beaumarchais, den er wohl noch modifizieren konnte, dessen Charakter er vertiefen konnte — **der aber in seiner Grundgestalt unveränderlich vorgezeichnet war.** Und da wäre es denn wahrlich mehr als wunderbar, wenn dieser von Beaumarchais in den Hauptzügen vorgezeichnete Charakter „nur ein Deutscher sein könnte, und dieser Deutsche nur Goethe selbst sein könnte", wie Schröer behauptet. Wäre das Memoire im Jahre 1771 oder 1772 erschienen, wäre dann auch „Clavigo" entstanden — wer weifs, was wir daran hätten! Jedenfalls fehlte dann die viele Mache und Künstlichkeit in Rede und Handlung, die in dem „Clavigo", wie er nun einmal ward, das ersetzen mufste, was durch die lange Zeit — denn drei Jahre sind eine sehr lange Zeit in der Entwicklung dieses einzigen Menschen! — an natürlichem Empfinden schon erstarrt und abgekühlt war, mochte auch die Erinnerung und das Schuldbewufstsein dann und wann rege werden.

Ebenso wenig wie die Ansichten der Kritiker über den Charakter des Clavigo, befriedigt die Beurteilung der Marie.

Strehlke*) z. B. sieht in der Marie nicht viel mehr als eine Art Schemen, ein Wesen ohne Saft und Kraft:

„Schon zu Beginn der Handlung erscheint das ‚arme Mädchen', wie sie von Allen genannt wird, todtkrank und todtmüde, so dafs sie sich nicht einmal zu dem Gedanken energischen Handelns emporzuraffen vermag. Es ist ‚ihr Schicksal' sich abzuhärmen und ‚ihr armes junges Leben auszuquälen', und sie verlangt auch nichts weiter, als höchstens bedauert zu werden …

---

*) S. 117.

„So siecht sie dahin, sich und den Ihrigen zur Last, bis der Tod mehr als eine äufsere denn als eine innere Nothwendigkeit sie von ihren Leiden erlöst. Wie unschön, und noch mehr, wie undramatisch! So hatte die Zeit, einem Vampyr gleich, aus dem Erinnerungsbilde Friederikens alles individuelle Leben, jeden warmen Pulsschlag lebensvoller Empfindung ausgesogen und nur die starre Maske des Leidens zurückgelassen." So Strehlke.

Nach Danzel dagegen hat Goethe in der Marie (pag. 156) „eine jener unergründlich tiefen Frauenseelen geschildert, in denen er vielleicht Shakespeare selbst übertrifft", und „möchten so tiefe weibliche Gemüther, wie die Marie, den germanischen Völkern allein eigenthümlich sein" (pag. 165).

Wer hat nun recht, Strehlke oder Danzel? Ich meine: beide! Danzel, wenn er die tiefe Innigkeit des Empfindens, die Herzenswahrheit der Marie hervorhebt, Strehlke, wenn er sie undramatisch nennt. Das Bedenkliche liegt hauptsächlich in der Krankheit: wie soll die Schauspielerin diese Marie darstellen, ohne dem Schönheitsgefühl Eintrag zu thun? Wie ist die Krankheit ihrer Natur nach aufzufassen? als Schwindsucht? als Herzleiden?

Da bin ich auf dem schwierigsten Punkte der schwebenden Frage angelangt, über den Bulthaupt*) folgendes sagt: „Eine Marie Beaumarchais hat er nun freilich nicht wieder auf die Bühne gebracht. Es giebt allerdings nichts Unerquicklicheres als die Schwindsucht auf dem Theater. Nun war leider diese übrigens auch mit Goethescher Anmuth umkleidete Gestalt eine Nothwendigkeit für den zweiten Abfall des Clavigo. Wäre sie noch das ‚liebliche muntere Geschöpf' gewesen, als welche sie selbst Carlos bezeichnet, trotzdem er später wissen will, dafs sie die Schwindsucht schon hatte, da Clavigos ‚Roman noch sehr im Gange war', dann gäbe es für diesen schlechterdings gar keine Entschuldigung, dann müfste auch der letzte Anteil, den man an ihm zu nehmen gezwungen ist, erlöschen." Danach wäre Clavigos ehemalige Braut in der That schwindsüchtig und der Vorwurf, den ich oben dem Dichter für diesen Fall machte, dafs

---

*) S 98.

er nämlich unser Gefühl verletzt, hat volle Gültigkeit. Marie wird hiernach nicht nur von Carlos als schwindsüchtig hingestellt, um den „physischen Widerwillen des gesunden Mannes zu wecken", wie Danzels Ausdruck lautet! Danzel ist nämlich anderer Ansicht als Bulthaupt: er sucht hinter dem Leiden ein Herzübel, „das infolge des seelischen und physischen Zusammenbruchs der verlassenen Braut sich entwickelt hat, sie leidet und stirbt, wie man so sagt, ‚an gebrochenem Herzen'"; denn auch sein ästhetisches Empfinden mag von der Schwindsucht nichts wissen. Eigentlich müfste ein ästhetisch angelegter Mediziner diese Frage lösen. Er müfste sämtliche Andeutungen über die Natur des Leidens genau erwägen und auf Grund dieser Erwägungen die Diagnose stellen. So weit man als Laie urteilen kann, spricht nichts gegen Danzels Auffassung! dafür aber der Umstand, dafs eben gerade durch den Begriff Schwindsucht eine so häfsliche, ekle Vorstellung in uns rege wird. Wir wollen Carlos' Worten nicht glauben, sondern annehmen, er greife dieses Argument auf, um stärker auf Clavigo zu wirken. Ihm ist ja auch der Widerspruch nachzuweisen, den Bulthaupt andeutet: dafs er, Carlos nämlich, „tausendmal" eher von der Schwindsucht gesprochen hat und trotzdem die Lieblichkeit des „blühenden Geschöpfs" zugab. Natürlich kann jemand behaupten, die Schwindsucht sei erst nachher ausgebrochen, wie das ja gerade in den Jahren genug vorkommt, oder gar, sie habe die „blühende Schwindsucht" gehabt! Nur zu! wer denn so darauf besteht, mag seine schwindsüchtige Marie behalten: ich bin froh, ein Mittel zu finden, dieses häfsliche Motiv, dessen man schon in Carlos' Überredungsversuchen überdrüssig wird, tilgen zu können. Denn es würde sich konsequenterweise mit nackten Worten die Sachlage in folgende leidige Gewandung kleiden: „Clavigo liebt eine Schwindsüchtige! wird untreu! verliebt sich eine Weile wieder! Der Taumel verfliegt rasch, denn auf ihrem Antlitze, in ihrer Erscheinung hat der nahende Würgengel schon grausige Vorboten der Zerstörung erscheinen lassen! Er wird von Carlos aufgeklärt, was das heifst, eine Schwindsüchtige zur Frau nehmen, wie seine Kinder krank sind, wie seine Frau den Vater zum trostlosen Dasein in die Welt gesetzter Kinder mit ansteckt! Er wird wieder untreu! Marie, die an und für sich bald sterben mufs, erliegt einem plötzlichen Anfall! Wem der Verlauf behagt — gut! Wer dächte nicht an die Gespenster!"*) Die Bühne freilich fafst auch die Marie meist schwindsüchtig, äufserlich kenntlich durch den ganzen Habitus dieser Unglücklichen, fortwährend trocken und krankhaft hüstelnd, nervös — abgespannt in die Welt schauend — die Marie mufs abstofsen! Ja, man kann ihr nur wünschen, eine neue Katastrophe möge ihren chronischen Leidenszustand in einen akuten verwandeln, und baldige Auflösung ihr Befreiung bringen von der Qual des Lebens einer schwindsüchtigen, verratenen Braut. Dann hätte Strehlke recht, sie als leblos hinzustellen. Nein, die Darstellerin mag alle Kunst aufbieten; denn es ist in erster Linie Sache dieser ihrer Kunst, Marie auf der Bühne und für die Bühne zu retten. Der feinste Takt nur vermag der Darstellerin den Weg zu weisen. Sie mufs sich zumal ja hüten, die Vorstellung zu wecken, Marie müsse so wie so sterben in nächster Zeit, wenn irgendein unerwartetes Ereignis sie erschreckt; Marie mufs nur insofern leidend sein, als die Untreue Leib und Seele die Gesundheit genommen hat: Hüsteln und röcheln darf sie ja nicht; jede Äufserung des Zustandes mufs mit feinster Zurückhaltung gemäfsigt werden,

---

*) Noch eine Erwägung spricht entschieden gegen Schwindsucht. Liegt nämlich notorisch Schwindsucht vor, so ist die grofse Gefahr vorhanden, dafs das ganze Problem von irgend jemanden darauf zugespitzt wird: soll Clavigo verpflichtet sein, eine Schwindsüchtige zu heiraten? Clavigo würde sehr viele Verteidiger finden; denn das Leben lehrt ja hinreichend, dafs auch edle Charaktere, vor diese schauderhafte Alternative gestellt, ihre Braut, und mag die Liebe noch so tief sein, aufgeben; sind sie ganz hochgesinnte Männer, so lassen sie zwar das Verhältnis bestehen, entschliefsen sich aber in den allerseltensten Fällen zur Heirat, denn Carlos hat recht! Es trifft alles ein! Auch noch etwas spricht für ein Herzleiden, freilich mit dem Vorbehalte, dafs ich als Laie die richtige Anschauung habe; denn ich bringe noch einen medizinischen Grund gegen die Schwindsucht vor. Eine Herzkrankheit macht den plötzlichen Tod viel wahrscheinlicher, denn Herzkranke neigen wegen der unruhigen Herzthätigkeit schon bei jeder kleinen Aufregung zu Beängstigungen. Eine Nachricht, wie jene vom Verrate Clavigos, kann die Katastrophe herbeiführen; ob aber bei der Schwindsucht der Hergang derselbe ist, scheint mir zweifelhaft.

und davon hängt es dann ab, ob Marie eine aktionsfähige
Bühnenperson ist, oder „ihr Leben" — um mit Strehlke zu
reden — nur „hinjammert". Das alles wird illusorisch, wenn
wir glauben sollen, eine Schwindsüchtige vor uns zu haben;
leidet sie „am gebrochenen Herzen", ist also ihr Nervensystem
im Marke*) erschüttert, funktionieren infolge dessen die Lebens-
organe nicht mehr normal, so hat es die Schauspielerin in der
Hand, mit Delikatesse alles ästhetisch Verletzende zu bannen, und
uns durch einfache, schlichte, sinnige Darstellung den unsagbaren
Jammer dieses gequälten, liebenswürdigen, warmherzigen Mädchens
tief tragisch erscheinen zu lassen. Das Tragische liegt darin, dafs
ihre treue Liebe sie in solchen Zustand tiefsten seelischen und
körperlichen Elends bringt. „Ohne Leben und ohne Pulsschlag"
ist sie trotzdem nicht, wie Strehlke ihr zum Vorwurf macht. Es
ist in ihrem Auftreten ein ergreifender Zug von Resignation und
Hoffnung durch einander gemengt. „Was ist an mir gelegen? an
einem Mädchen gelegen, ob ihm das Herz bricht?" Diese schwer-
mutsvoll verzweifelnde Klage der gequälten Seele nötigt uns das
innigste Mitleid ab; **die furchtbare Schuld des Verräters
wird uns durch nichts lebhafter vergegenwärtigt,
als durch diesen wehmütigen Verzicht auf Liebe**

---

*) Einen Schlufs auf die Natur des Leidens gestattet auch ein bezüglicher
Passus aus dem Briefe, den die Schwester nach Paris schrieb („Beaumarchais",
pag. 310), und der in der Übersetzung also lautet: „... aber diese Belei-
digungen haben meine Schwester in einen Zustand, der dem Tod ähnlich ist,
versetzt: so dafs wir befürchten müssen, dafs sie demselben unterliegen werde.
Alle ihre Kräfte hat sie verloren und seit sechs Tagen spricht sie gar nicht
mehr." **Wer denkt da an Schwindsucht?** Die Aufregung, die Ent-
täuschung hat sie zerrüttet. **Im allgemeinen jedenfalls wird ge-
brochene Treue die Lungen eines betrogenen Mädchens nicht
besonders disponieren für die Entwicklung der Tuberkel-
bacillen**: so nämlich und nicht anders lautet das Problem in die realistisch-
naturalistische Sprache des 19. Jahrhunderts übertragen. Sehr bemerkenswert
ist auch noch, **dafs im Original von Krämpfen geredet wird, in die
Marie verfallen sei**, nachdem sie den Treubruch ihres Verlobten erfahren
habe; denn dieser Umstand weist deutlich auf eine **starke Exaltation des
Nervensystems** hin. Und dann wird jedenfalls eher das Herz in Mitleiden-
schaft gezogen werden können als die Lunge. Ich sage ausdrücklich „können" — darin liegt ja der Schwerpunkt dieser Untersuchung.

und Glück. Aber diese Stimmung ist nicht allein die herrschende: „Ja manchmal kann ich ihn hassen, manchmal, wenn der spanische Geist über mich kommt." Welch ein Umschwung der Empfindung geht da vor sich! Der gekränkte Stolz des Weibes fordert sein Recht und erfüllt das Herz mit Bitterkeit gegen den, der frevelt gegen das Heiligste. Freilich der Grundzug ihres Wesens ist Zartheit des Denkens, Sanftheit des Fühlens, und darum kann das Gefühl des Hasses sie nicht dauernd beherrschen. Sie findet einen anderen Ausdruck für ihre Stimmung, den der Ironie, einer herzzerreifsenden Ironie: „Wir wollen ihn laufen lassen und uns einen anderen nehmen, . . ." Es ist fürwahr ein reicher Wechsel in den Empfindungen Mariens, oft nur ganz leicht angedeutet. Um so sorgfältiger muſs die Darstellerin der Rolle auf jede kleinste Andeutung achten; keine leichte Aufgabe harrt ihrer. Sie fasse ihre Rolle ja genau auf, sie nüanciere auf das feinste, sie sei bedacht, den ganzen zarten, lieblichen Schmelz dieses Mädchenbildes über ihre Darstellung zu verbreiten. Mufste sie zuvor aus tiefgequälter Brust aufseufzen, so soll nach der Versöhnung ein glückliches Lächeln ihre Züge verklären, aber doch gemischt mit verhaltener banger Sorge: „Ich lache über mich selbst. Wir Mädchen sind doch eine wunderliche Nation, . . ." Das neue Glück läſst sie sogar humorvoll lachen; aber sie kann sich der ahnungsvollen Zweifel daneben nicht entschlagen*): „Ich werde das Glück wenig genieſsen, das mich in seinen Armen erwartet; vielleicht gar nicht." Wenn man so bemüht ist, dem Dichter jeden einzelnen Zug seiner Marie abzulauschen, wird sich einem als Ganzes ein Mädchenbild ergeben, auf das Danzels Bemerkung, die ich mehrfach citierte, durchaus paſst.

---

*) Diese Bemerkung bringt mich auf ein weiteres Argument gegen die Schwindsucht. Es ist eine bekannte Thatsache, daſs Schwindsüchtige immer optimistisch über ihren Krankheitszustand denken, daſs sie im Angesichte des Todes noch einen unerschütterlichen Glauben am guten Ausgang festhalten. Herzkranke dagegen sind stets in unruhiger Sorge, sie sehen, wo gar keine oder geringe Gefahr vorhanden, sich immer dem Ärgsten nahe, eine Thatsache, die sich leicht erklärt aus dem unruhigen Herz- und Pulsschlage, der seine Rückwirkung ausübt auf das Gehirn und somit auf die seelischen Empfindungen und Zustände. Die stete Beängstigung spricht für ein Herzleiden.

Strehlke hat sich in der Beurteilung augenscheinlich beeinflussen
lassen durch die Empfindung, dafs sie nicht dramatisch ist.
Dramatisch aber ist sie wirklich nicht. Von dem
Werden einer That, ohne welches eine Bühnenfigur nicht dramatisch genannt werden kann, findet sich bei Marie kaum eine Spur.
Marie verhält sich immer passiv, sie nimmt wohl von aufsen Eindrücke in sich auf, aber diese Eindrücke bestimmen sie nicht zum
Handeln. Und selbst wo sie eine Art That unternimmt, etwa die
der Versöhnung mit Clavigo, **treten als wirklich Handelnde
andere für sie ein, neben denen sie beinahe nur die
Rolle einer Marionette spielt.** „Ihr vergehen die Sinne" im
entscheidenden Augenblicke, ihre Resignation macht **ein Thun
unmöglich.** Nur in Gedanken rafft sie sich auf zur That, indem
sie „Spanierin wird und zum Dolch greift". Griffe sie doch nur
zum Dolch! Dann wäre Dramatisches in ihrer Gestalt; wie sie
ist, ruft sie wohl **tragische***), aber **keine dramatische Wirkung** hervor.

*) Tragisch in dem Sinne, wie man vom „tragischen Moment" redet.

Berichtigungen und Nachtrag.

S. 30 Z. 5 v. o. statt Dokment l. Dokument.
S. 90 Z. 9 v. u. statt dir l. die.
S. 99 Z. 18 v. o. statt diese l. dieses.
Der Satz auf S. 19 „dort würde der Passus etwa lauten u. s. w." könnte zu der falschen Auffassung führen, als hielte ich das dont ... le .. ses ... ses für die regelmäfsige Konstruktion statt des thatsächlich regelrechten dont ... le ... les ... les. Ich hätte darum besser gethan, an Stelle des „würde lauten" ein „könnte" zu setzen. Doch läfst sich die Goethesche Bildung auch aus einem dont ... le ... les ... les sehr wohl erklären: der wiederholte bestimmte Artikel des Französischen nach dem Relativ vermochte das „ihre ... ihre" nach „deren volle Brust" zu veranlassen. An Stelle des im Deutschen ganz unmöglichen bestimmten Artikels trat das Possessivpronomen ein; inkorrekt blieb die Wendung natürlich auch so.

www.ingramcontent.com/pod-product-compliance
Lightning Source LLC
Chambersburg PA
CBHW031818220426
43662CB00007B/694